应用型本科院校“十二五”规划教材/经济管理类

The Preparation and Analysis in Financial Reports

财务报告编制与分析

主　编　刘　颖　董莉平
副主编　王剑萍　孙　斌　吴云飞
主　审　宋永和

哈爾濱工業大學出版社
HARBIN INSTITUTE OF TECHNOLOGY PRESS

内容简介

本书依据财政部最新颁布的《企业会计准则》，以通俗易懂的实例说明企业财务报告的编制方法与分析过程，尽量做到内容新颖、知识前沿、注重能力，全书具有较强的应用性和实践性。

全书共十章，第一章介绍财务报告概论，第二至六章介绍资产负债表、利润表、现金流量表、所有者权益变动表、附注，第七章至第八章介绍企业合并和合并财务报表的编制原理与实务，第九章分别从偿债能力、盈利能力、营运能力和发展能力等方面对财务报告进行分析，第十章通过案例来进行综合财务分析。为了便于学习，每章前面均附有学习目标，每章后配有思考题与案例分析。

本书可作为本科财经类专业的专业教材，也可以作会计相关专业的基础课教材，还可供在职人员作学习编制财务报告和进行财务分析的自学和培训用书。

图书在版编目(CIP)数据

财务报告编制与分析/刘颖，董莉平主编．—哈尔滨：哈尔滨工业大学出版社，2012.2(2015.7 重印)

应用型本科院校"十二五"规划教材

ISBN 978-7-5603-3479-0

Ⅰ.①财…　Ⅱ.①刘…　②董…　Ⅲ.①会计报表-编制-高等学校-教材　②会计报表-会计分析-高等学校-教材　Ⅳ.①F231.5

中国版本图书馆 CIP 数据核字(2012)第 012507 号

策划编辑　赵文斌　杜　燕
责任编辑　李广鑫
出版发行　哈尔滨工业大学出版社
社　　址　哈尔滨市南岗区复华四道街 10 号　邮编 150006
传　　真　0451-86414749
网　　址　http://hitpress.hit.edu.cn
印　　刷　哈尔滨工业大学印刷厂
开　　本　787mm×960mm　1/16　印张 13.75　字数 295 千字
版　　次　2012 年 2 月第 1 版　2015 年 7 月第 2 次印刷
书　　号　ISBN 978-7-5603-3479-0
定　　价　24.80 元

《应用型本科院校"十二五"规划教材》编委会

序

哈尔滨工业大学出版社策划的《应用型本科院校"十二五"规划教材》即将付梓,诚可贺也。

该系列教材卷帙浩繁,凡百余种,涉及众多学科门类,定位准确,内容新颖,体系完整,实用性强,突出实践能力培养。不仅便于教师教学和学生学习,而且满足就业市场对应用型人才的迫切需求。

应用型本科院校的人才培养目标是面对现代社会生产、建设、管理、服务等一线岗位,培养能直接从事实际工作、解决具体问题、维持工作有效运行的高等应用型人才。应用型本科与研究型本科和高职高专院校在人才培养上有着明显的区别,其培养的人才特征是:①就业导向与社会需求高度吻合;②扎实的理论基础和过硬的实践能力紧密结合;③具备良好的人文素质和科学技术素质;④富于面对职业应用的创新精神。因此,应用型本科院校只有着力培养"进入角色快、业务水平高、动手能力强、综合素质好"的人才,才能在激烈的就业市场竞争中站稳脚跟。

目前国内应用型本科院校所采用的教材往往只是对理论性较强的本科院校教材的简单删减,针对性、应用性不够突出,因材施教的目的难以达到。因此亟须既有一定的理论深度又注重实践能力培养的系列教材,以满足应用型本科院校教学目标、培养方向和办学特色的需要。

哈尔滨工业大学出版社出版的《应用型本科院校"十二五"规划教材》,在选题设计思路上认真贯彻教育部关于培养适应地方、区域经济和社会发展需要的"本科应用型高级专门人才"精神,根据黑龙江省委书记吉炳轩同志提出的关于加强应用型本科院校建设的意见,在应用型本科试点院校成功经验总结的基础上,特邀请黑龙江省9所知名的应用型本科院校的专家、学者联合编写。

本系列教材突出与办学定位、教学目标的一致性和适应性,既严格遵照学科体系的知识构成和教材编写的一般规律，又针对应用型本科人才培养目标及与之相适应的教学特点，精心设计写作体例，科学安排知识内容，围绕应用讲授理论，做到“基础知识够用、实践技能实用、专业理论管用”。同时注意适当融入新理论、新技术、新工艺、新成果，并且制作了与本书配套的PPT多媒体教学课件，形成立体化教材，供教师参考使用。

《应用型本科院校“十二五”规划教材》的编辑出版，是适应“科教兴国”战略对复合型、应用型人才的需求，是推动相对滞后的应用型本科院校教材建设的一种有益尝试，在应用型创新人才培养方面是一件具有开创意义的工作，为应用型人才的培养提供了及时、可靠、坚实的保证。

希望本系列教材在使用过程中，通过编者、作者和读者的共同努力，厚积薄发、推陈出新、细上加细、精益求精，不断丰富、不断完善、不断创新，力争成为同类教材中的精品。

黑龙江省教育厅厅长

前　言

按照传统观点,会计核算是以编制会计报表为其终点,但在现阶段,经济的飞速发展促使了对信息的迫切要求,信息量的需求日益增多,信息种类的需求日益广泛,更要求财会人员要在恰当时间内将信息准确、便捷地传递给需要的人。正是这种外部环境的变化,使财务报告与分析工作的必要性和重要性日益突显。

本书在现代经济快速发展的前提下,着重介绍有关财务报表编制和财务报告分析的相关知识。对于财会专业的学生和企业财务工作者来说,必须具备编制财务报表的能力和运用财务报表数据进行财务分析的能力。作为企业管理者,不论是 CEO 还是 CFO,或是一般财务管理人员,具备财务报表阅读与分析的能力都是必须有的基本功。管理层运用财务报表所提供的信息做出正确的经营决策,监控企业的财务状况,规避风险;投资者通过财务报表提供的信息把握公司的财务状况是否健康、经营成果是否令人满意、现金流量是否安全通畅;银行家更应该练就一双火眼金睛透视贷款企业财务报表的真伪。编写本书的目的就是为帮助上述人士学会财务报表分析的基本原理和方法,帮助财经专业的学生掌握报表编制的基本原理和方法。与以往的相关教材相比,本教材在内容编排上有如下特色:

1. **案例丰富**。既有大量上市公司的案例分析,又提供了许多小公司的案例;既有国内公司的数据分析,又介绍了海外一些知名公司的财务特征。

2. **可操作性强**。本书所定位的读者对象并非财务专家,而是各类学生和非财务经理,可以作为初学的材料,也可以作为财务分析案头书使用,内容简洁明快,语言通俗易懂,体例清晰。

3. **资料新**。报表格式按照 2007 年起用的最新会计准则标准给出,分析的上市公司案例多为 2007 年新准则下编报的财务报告,体现时代性,方便授课教师教学使用。大量的编排好的每章课后习题也节省了教师宝贵的时间。

本书由哈尔滨德强商务学院副教授刘颖和教授董莉平担任主编,由宋永和对书稿进行审定。各章分工如下:第一章由黑龙江工商职业技术学院刘鹏老师编写,第二章和第八章由刘颖编写,第三章和第六章由哈尔滨德强商务学院孙斌老师编写,第四章由董莉平编写,第五章和第七章由黑龙江外国语学院吴云飞编写,第九章和第十章由哈尔滨德强商务学院王剑萍老师编写。

由于水平有限,希望读者对于疏漏之处予以指正,以便于本书的不断完善。

编 者

2012 年 1 月

目　录

第一章

Chapter 1

财务报告概论

【学习要点及目标】

通过本章的学习使学生了解财务报告的内容、作用，理解会计报表的组成和相互关系，掌握财务报告的编制原则和要求，熟悉财务报告分析的方法。

【引导案例】

近年来，全球由于财务报告舞弊而最终造成企业破产的案件比比皆是，国外典型的有安然公司、世界通信公司；国内典型的有琼民源、红光实业、东方锅炉。步入21世纪，随着监管力度的加大，越来越多的财务报告舞弊事件浮出水面，蓝田案件、科龙案件一次又一次地激起了人们对于上市公司财务报告舞弊的强烈关注和深深思考。那么，什么是财务报告？其实质内容又有哪些？为什么造假？财务报告对信息使用者有何作用？怎样对财务报告进行分析呢？

第一节 财务报告的内容和作用

一、财务报告的内容

财务报告是指企业对外提供的反映企业某一特定日期财务状况和某一会计期间经营成果、现金流量等会计信息的文件。财务报告包括财务报表和其他应当在财务报告中披露的相关信息和资料。

在市场经济中，由于所有权与经营权分离，企业必须面向市场进行筹资、投资和经营活动，这在客观上要求企业向社会公众披露信息以便帮助现在和潜在的投资者、债权人和其他信息使用者对投资、信贷等做出正确的决策，并提供国家进行必要的宏观调控时所需要的基本数

据。财务报告的目的就是对外提供财务信息。通常提供的信息包括以下内容:

(1)提供企业经济资源的信息。即引起该资源发生变动的各种交易或事项的信息。

(2)提供企业在报告期内的经营绩效的信息。即企业经营活动引起的资产、负债和所有者权益变动及其结果的信息。

(3)提供企业现金流动的信息。一个企业的现金流量对其生存发展至关重要。就财务报告的使用者而言,他们特别关注企业的到期利息与本金的即期偿还能力、应付股利的现金分派能力以及表明影响企业变现能力或偿债能力的其他信息。

(4)反映企业管理当局向资源提供者报告如何利用受托使用的资源,进行资源的保值、增值活动并履行法律与合同规定的其他义务等有关受托责任的信息。

(5)根据社会经济的发展,逐渐扩大财务报告信息的内容,包括非财务信息和未来信息,如企业未来经营预测和社会责任的履行情况等。

二、财务报告的作用

财务报告的主要作用是向财务报告使用者提供与企业财务状况、经营成果和现金流量等有关的真实、公允的会计信息,以反映企业管理层受托责任履行情况,并有助于财务报告使用者做出正确的经济决策。财务报告使用者主要包括投资者、债权人、管理者、政府及其有关部门和社会公众等。

(一)有助于信息使用者做出正确的经济决策

财务报告综合反映了企业的财务状况、经营成果和现金流量等情况,通过对企业编制的财务报告进行综合分析,有助于投资者、债权人、管理者和政府职能部门等信息使用者正确、合理地评价企业的资产质量、偿债能力、盈利能力和营运能力,从而最终有助于信息使用者根据相关的财务信息做出理性的经济决策。

(二)有助于反映企业管理层受托责任的履行情况

现代企业制度强调企业所有权和经营权相分离,所有者将资金投入企业,委托经营者进行经营管理,所有者往往不直接参与企业的生产经营活动,即经营者是受所有者之托经营管理企业及其各项资产,负有受托责任。企业经营者有责任妥善保管并合理、有效运用这些资产。对于企业的经营状况,所有者与管理者在信息接收及处理过程中存在着不对称,因此,所有者可以利用财务报告了解企业经营者保管、使用资产的情况,以便于评价经营者受托责任履行情况和业绩情况,确保资本的保值与增值。

(三)有助于提高企业的经营管理水平

财务报告全面系统地揭示了企业一定时期的财务状况、经营成果和现金流量,这有利于经营管理人员了解本单位各项任务指标的完成情况,以便及时发现问题、调整经营方向、制定措施改善经营管理水平,并在此基础上预测和分析未来发展前景,最终实现提高企业的经济效益，促进企业可持续发展。

三、财务报表的组成及相互关系

财务报表是财务报告的核心内容，是企业会计部门在日常会计核算的基础上，利用统一的货币计量单位，按照统一规定的格式、内容和编制方法定期编制的，综合反映企业财务状况、经营成果和现金流量状况的书面文件。一套完整的财务报表至少应当包括资产负债表、利润表、现金流量表、所有者权益变动表（或股东权益变动表）以及附注。

资产负债表是反映企业某一特定日期财务状况的会计报表，主要由资产、负债、所有者权益三项静态会计要素构成，是表达"资产、负债、所有者权益"三项静态要素之间相互关系的会计报表。利润表是反映企业在一定期间经营成果的会计报表，主要由收入、费用、利润三项动态会计要素构成，是表达"收入、费用、利润"三项动态会计要素之间相互关系的会计报表。现金流量表是反映企业在一定会计期间的现金和现金等价物流入和流出的会计报表。通过提供企业会计期间内经营活动、投资活动和筹资活动的信息，来说明现金流量变动的原因。所有者权益变动表是反映构成企业所有者权益的各组成部分当期的增减变动情况的报表，包括所有者权益总量的变动和结构的变动。

资产负债表、利润表、现金流量表、所有者权益变动表都是用会计语言综合反映同一会计时点或期间企业的财务状况、经营成果和现金流量。资产负债表是企业在各个会计期末资产、负债及所有者权益的时点数，它反映的是企业财务状况的横截面，是一个静止的画面；利润表反映的是企业利润的形成步骤，对收入、费用的计量是一个时期数，它反映的是企业经营成果的纵剖面，是个流动的画面；利润表所反映的净利润最终转化为资产负债表的所有者权益和拟向所有者进行分配的负债；现金流量表是从企业现金流入流出的角度考察资产负债表货币资金项目以及交易性金融资产中的现金等价物的变动情况；所有者权益变动表是对资产负债表所有者权益项目变动的具体解释。财务报表之间的相互关系如图 1.1 所示。

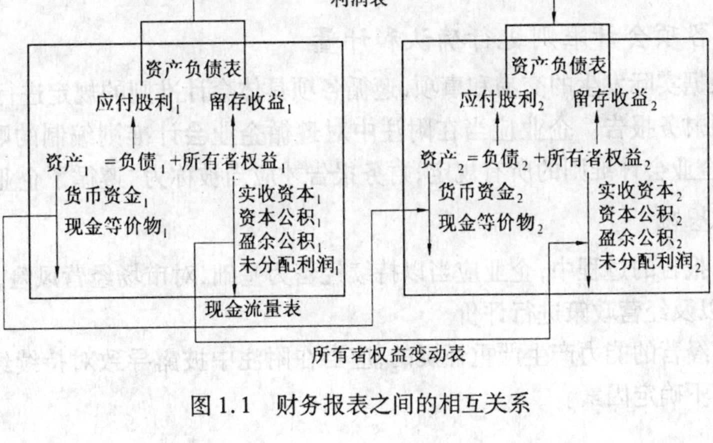

图 1.1　财务报表之间的相互关系

第二节　财务报告的编制原则和要求

一、财务报告的编制原则

(一)财务报告内容真实可靠

真实性是编制财务报告的必备特征,财务报告所披露的数据和信息必须遵守公认的会计原则。财务报告提供的信息是通用信息,它是不同使用者集体都能同时得到并为各自进行决策所共同需要的。也就是说,财务报告中的数据应能由不同的会计人员在采用相同的方法下得出相同的结果。

(二)信息具有相关性

财务会计的目标在于提供有助于使用者决策的信息。因此,相关性也是编制财务报告的原则。相关性还要求报告所反映的内容要充分完整。企业应将当期发生的交易事项全部确认并通过报告充分披露,这样财务报告的使用者才能全面了解企业的财务状况和经营成果。

(三)体现效益大于成本原则

从整个社会角度看,财务报告的编制、使用是具有社会效益的,但是必须为此付出一定的代价。财务报告应以最小的投入和有效的产出来产生。也就是说,从报告提供者和使用者目标一致的基础看,编制并公布财务报告是值得的。与财务报告相关联的成本代价包括:财务数据的收集、加工;信息使用成本;信息不足、错误或不公允,给使用者带来的经济损失;信息披露过量给企业带来的竞争劣势或给管理人员带来的额外的压力等。从理论上讲,只有提供财务报告的效益超过其所花费的成本,财务报告才是一种可取的信息披露手段。

二、财务报告的编制要求

(一)遵循各项会计准则进行确认和计量

企业应当根据实际发生的交易和事项,遵循各项具体会计准则的规定进行确认和计量,并在此基础上编制财务报告。企业应当在附注中对遵循企业会计准则编制的财务报表做出声明,只有遵循了企业会计准则的所有规定,财务报告才应当被称为"遵循了企业会计准则"。

(二)列报基础

在编制财务报告的过程中,企业应当以持续经营为基础,对市场经营风险、盈利能力、偿债能力、财务弹性以及经营政策进行评价。

对企业持续经营的能力产生严重怀疑的,应当在附注中披露导致对持续经营能力产生重大怀疑的重要的不确定因素。

（三）重要性和项目列报

关于项目在财务报表中是单独列报还是合并列报，应当依据重要性原则来判断。重要性是判断项目是否单独列报的重要标准。企业在进行重要性判断时，应当根据所处环境，从项目的性质和金额大小两方面予以判断：一方面，应当考虑该项目的性质是否属于企业日常活动，是否对企业的财务状况和经营成果具有较大影响等因素；另一方面，判断项目金额大小的重要性，应当通过单项金额占资产总额、负债总额、所有者权益总额、营业收入总额、净利润等直接相关项目金额的比重加以确定。

（四）列报的一致性

可比性是会计信息质量的一项重要要求，目的是使同一企业不同期间和同一期间不同企业的财务报表相互可比。为此，财务报表项目的列报应当在各个会计期间保持一致，不得随意变更，这一要求不仅针对财务报表中的项目名称，还包括财务报表项目的分类、排列顺序等方面。

在以下规定的特殊情况下，财务报表项目的列报是可以改变的：

（1）会计准则要求改变。

（2）企业经营业务的性质发生重大变化后，变更财务报表项目的列报能够提供更可靠、更相关的会计信息。

（五）财务报表项目金额间的相互抵销

财务报表项目应当以总额列报，资产和负债、收入和费用不能相互抵销，即不得以净额列报，但企业会计准则另有规定的除外。比如，企业欠客户的应付款不得与其他客户欠本企业的应收款相抵销，如果相互抵销就掩盖了交易的实质。

（六）比较信息的列报

企业在列报当期财务报表时，至少应当提供所有列报项目上一可比会计期间的比较数据，以及与理解当期财务报表相关的说明，目的是向报表使用者提供对比数据，提高信息在会计期间的可比性，以反映企业财务状况、经营成果和现金流量的发展趋势，提高报表使用者的判断与决策能力。

（七）财务报表表首的列报要求

财务报表一般分为表首、正表两部分，其中在表首部分企业应当概括地说明下列基本信息：

（1）编报企业的名称，如果企业名称在所属当期发生了变更的，还应明确标明。

（2）对资产负债表而言，需披露资产负债表日，而对利润表、现金流量表、所有者权益变动表而言，需披露报表涵盖的会计期间。

（3）货币名称和单位，按照我国企业会计准则的规定，企业应当以人民币作为记账本位币列报，并标明金额单位，如人民币元、人民币万元等。

(4)财务报表是合并财务报表的，应当予以标明。

(八)报告期间

企业至少应当编制年度财务报告。根据《中华人民共和国会计法》的规定，会计年度自公历1月1日起至12月31日止。财务报告分为年度、半年度、季度和月度财务报告。

本章小结

1. 财务报告是指企业对外提供的反映企业某一特定日期的财务状况和某一会计期间的经营成果、现金流量等会计信息的文件。财务报告包括财务报表和其他应当在财务报告中披露的相关信息和资料。

2. 财务报表是财务报告的核心内容，是企业会计部门在日常会计核算的基础上，利用统一的货币计量单位，按照统一规定的格式、内容和编制方法定期编制的，综合反映企业财务状况、经营成果和现金流量状况的书面文件。一套完整的财务报表至少应当包括资产负债表、利润表、现金流量表、所有者权益变动表(或股东权益变动表)以及附注。

3. 资产负债表、利润表、现金流量表、所有者权益变动表都是用会计语言综合反映同一会计时点或期间企业的财务状况、经营成果和现金流量。资产负债表是企业在各个会计期末资产、负债及所有者权益的时点数，它反映的是企业财务状况的横截面，是一个静止的画面；利润表反映的是企业利润的形成步骤，对收入、费用的计量是一个时期数，它反映的是企业经营成果的纵剖面，是个流动的画面；利润表所反映的净利润最终转化为资产负债表的所有者权益和拟向所有者进行分配的负债；现金流量表是从企业现金流入流出的角度考察资产负债表货币资金项目以及交易性金融资产中的现金等价物的变动情况；所有者权益变动表是对资产负债表所有者权益项目变动的具体反映和解释。

思考题

1. 财务报告有哪些作用?
2. 如何理解财务报表之间的关系?
3. 编制财务报告的要求是什么?

【案例分析】

重庆渝钛白粉股份有限公司(以下简称渝钛白公司)是在以吸收合并方式接受重庆化工厂后，于1992年9月11日宣告成立，是以社会募集方式设立的公众股份有限公司。

1997年重庆会计师事务所对渝钛白公司进行了年度审计。并于1998年3月签发了颇有争议的中国证券史上第一份否定意见审计报告。导致注册会计师出具否定意见审计报告的仅仅有两个会计事项。

(一) 1997 年借款的应付债券利息 8 064 万元属于资本还是费用?

渝钛白公司 1997 年度的亏损总额为 3 136 万元,而这笔引起争议的借款利息总额为 8 064万元,从重要性角度来说,这笔利息费用不管是否调整,渝钛白公司当年都会出现亏损,只不过是亏多亏少的问题。可见,这一笔利息费用的处理对渝钛白公司来说,表面上似乎不太重要。实际上,如果这笔 8 064 万元的会计事项按该公司的会计处理方法,最多只是一笔一般性的亏损,但如按照会计师事务所的方法来处理,亏损的性质将超出一般性的经营亏损,直指资不抵债,达到破产的边缘。可见,该笔业务处理非常重要。

渝钛白公司的总会计师认为:一般的基建项目,建设完工即进入投资回收期,当年就开始产生效益。但钛白粉工程项目不同于一般的基建项目,这是基于两个方面的因素:一方面,钛白粉这种基础化工产品不同于普通商品,对各项技术指标的要求非常严格,需要通过反复试生产,逐步调整质量、消耗等指标,直到生产出合格的产品才能投放市场。而试生产期间的试产品性能不稳定,是不能投放市场的;另一方面,原料的腐蚀性很强(如生产钛白粉的主要原料硫酸)。因此,一旦停工,则原料淤积于管道、容器中,再次开工前,就必须进行彻底的清洗、维护,并调试设备,年报中披露的 900 万元亏损中很大一笔就是设备整改费用。对于该笔费用,渝钛白的总会计师认为,钛白粉项目交付使用进入投资回报期、产生效益前,还有一个过渡期,即整改和试生产期间,这仍属于工程在建期。也就是说,公司在 1997 年度年报中将 8 064 万元的项目建设期借款的应付债券利息进入工程成本是有依据的。

渝钛白公司为了证实总会计师的说法,还以重庆市有关部门的批复文件为依据,坚持认为该工程为在建性质,而非完工项目。

在上述背景下,重庆会计师事务所坚持认为:应计利息 8 064 万元人民币应计入当期损益。因为,该公司钛白粉工程于 1995 年下半年就开始投产,1996 年已经可以生产出合格产品,这一工程虽曾一度停产。但 1997 年全年共生产 1 680 吨,这一产量尽管与设计能力 15 万吨相差甚远,但主要原因是缺乏流动资金,而非工程尚未完工,该工程应认定已交付使用。

(二)欠付银行的借款利息 89.8 万美元(折合人民币 743 万元)是否应计提入账?

截止到 1997 年底,渝钛白公司欠付银行利息 89.8 万美元。对此,公司管理当局的解释为:这是 1987 年 12 月原重庆化工厂为上 PVC 彩色地板生产线,向中国银行重庆分行借入的美元贷款 60 万元造成的。该项目建成后,一直未正常批量生产。1992 年公司改制时,已部分作为未使用资产。但改制前,重庆化工厂已部分偿还了利息和本金。数年之后(1999 年)该行通知公司欠付利息 89.8 万美元。本年决算期间,公司未能和银行认真核对所欠本金数额,故未予转账。公司打算在 1998 年度核对清楚后再据实转账。而重庆会计师事务所则坚持认为这笔利息已经发生,应予以确认并计提入账。注册会计师的依据是:确认费用应遵循权责发生制原则。按照权责发生制原则凡应属于本期的收入和费用,不论其款项是否已收到或支付,均作为本期的收入和费用处理。由此可见,企业未与银行对账,这是公司内部的管理问题,它不能改变会计准则规定的确认标准。根据会计准则,一笔费用肯定发生并可计算出确定的数额,应与收入配比,在当期予以确认。

可喜的是,尽管重庆会计师事务所出具了否定意见审计报告,并与渝钛白公司的管理部门发生了严重的意见分歧,但最后股东大会还是通过方案,同意重庆会计师事务所的意见,并按此意见调整 1997 年度会计决算报表。即:将报表中的原计入钛白粉工程成本的借款利息(应付债券利息)8 064 万元调整进入当期财务费用和将欠付中国银行重庆分行的美元借款利息 89.8 万美元(折合人民币 743 万元)调整计提入账,两项计亏损 8 807 万元。加上报表中原有亏损 3 136 万元,渝钛白公司经重庆会计师事务所确认的 1997 年度亏损额为 11 943 万元。至此,渝钛白事件以我国首份否定意见审计报告得到投资者的理解和支持而告结束。

问题:

1. 会计师事务所与渝钛白管理当局对两笔业务的处理意见的不同对企业的财务信息有何影响?

2. 财务费用的资本化条件是什么?

第二章

Chapter 2

资产负债表的编制

【学习要点及目标】

通过本章的学习,熟悉资产负债表的格式和内容,掌握资产负债表的编制方法。

【引导案例】

美联储主席伯南克推行的"扭转操作",即不扩大资产负债表规模,但延长其持有债券的期限。卖掉短期国债,买入长期国债,进一步推低长期债券的收益率。这种方法不但可以获得量化宽松的好处,又可以免去扩大资产负债表的风险。那么,这种"扭转操作"为什么不增加美国资产负债表的风险?

第一节　资产负债表的内容及格式

一、资产负债表的内容

资产负债表是反映企业在某一特定日期财务状况的会计报表。它反映企业在某一特定日期所拥有或控制的经济资源、所承担的现时义务和所有者对净资产的要求权,是一张静态报表。资产负债表的作用主要体现在以下方面:

(1)通过资产负债表列示的资产项目,可以反映某一日期资产的总额及其结构,表明企业拥有或控制的资源及其分布情况,使用者可以一目了然地从资产负债表上了解企业在某一特定日期所拥有的资产总量及其结构。

(2)通过资产负债表列示的负债项目,可以反映某一日期的负债总额及其结构,表明企业未来需要用多少资产或劳务清偿债务以及清偿时间。

(3)通过资产负债列示的所有者权益项目,可以反映所有者所拥有的权益,据以判断资本保值、增值的情况以及对负债的保障程度。

(4)资产负债表还可以提供进行财务分析的基本资料,如将流动资产与流动负债进行比较,计算出流动比率;将速动资产与流动负债进行比较,计算出速动比率等,可以表明企业的变现能力、偿债能力和资金周转能力,从而有助于报表使用者做出正确的经济决策。

二、资产负债表的格式

资产负债表的格式是指资产负债表的主体格式,即资产、负债和所有者权益的分类排列形式。目前,国际上通用的资产负债表格式主要有账户式和报告式两种,各国根据需要分别采用不同的格式。

(一)账户式资产负债表

账户式资产负债表又称平衡式资产负债表,犹如会计中T型账户的左右分列,将资产项目列在报表的左方,负债和所有权益项目列在报表的右方。账户式资产负债表的平衡关系体现在左方的资产总额等于右方负债和所有者权益总额的合计,即遵循会计等式"资产=负债+所有者权益。"账户式资产负债表的简化格式见表2.1。

表2.1 资产负债表(账户式)

编制单位:　　　　　　　　　　年　月　日　　　　　　　　　　单位:元

资　产	期末数	年初数	负债和所有者权益	期末数	年初数
流动资产 非流动资产			流动负债 非流动负债 所有者权益		
资产合计			负债和所有者权益合计		

(二)报告式资产负债表

报告式资产负债表又称垂直式资产负债表,是将资产负债表的项目自上而下排列。首先列示资产项目,其次列示负债项目,最后再列示所有者权益项目。报告式资产负债表的平衡关系"资产-负债=所有者权益",它突出强调的是企业的所有者权益情况。报告式资产负债表的简化格式见表2.2。

表 2.2　资产负债表(报告式)

编制单位：　　　　　　　　　　年　月　日　　　　　　　　　　单位:元

项　目	金　额
资产：	
流动资产	
非流动资产	
（资产合计）	
负债：	
流动负债	
非流动负债	
（负债合计）	
所有者权益：	
（所有者权益合计）	

(三)我国资产负债表的格式和内容

我国企业的资产负债表一般采用账户式。一方面,账户式资产负债表遵循会计等式的平衡关系,反映资产、负债和所有者权益的关系比较直观,易于理解和接受;另一方面,账户式资产负债表将资产类项目单列在报表的左方,突出表明企业拥有或控制的资产情况,进一步表明企业的经营状况和发展前景。此外,为了让使用者通过比较不同时点资产负债表的数据,掌握企业财务状况的变动情况及发展趋势,账户式资产负债表提供两个时点的资产、负债及所有者权益情况。根据财政部 2006 年颁布的《财务报表列报》准则及应用指南的规定,一般企业资产负债表的格式见表 2.3。

表 2.3　资产负债表

会企 01 表

编制单位：　　　　　　　　　　年　月　日　　　　　　　　　　单位:元

资　产	期末数	年初数	负债和股东权益	期末数	年初数
流动资产：			流动负债：		
货币资金			短期借款		
交易性金融资产			交易性金融负债		
应收票据			应付票据		
应收账款			应付账款		
预付款项			预收款项		
应收利息			应付职工薪酬		

续表 2.3

会企 01 表

编制单位：　　　　　　　　　　年　月　日　　　　　　　　　　单位:元

资　产	期末数	年初数	负债和股东权益	期末数	年初数
应收股利			应交税费		
其他应收款			应付利息		
存货			应付股利		
1 年内到期的非流动资产			其他应付款		
其他流动资产			1 年内到期的非流动负债		
流动资产合计			其他流动负债		
非流动资产：			流动负债合计		
可供出售金融资产			非流动负债：		
持有至到期投资			长期借款		
长期应收款			应付债券		
长期股权投资			长期应付款		
投资性房地产			专项应付款		
固定资产			预计负债		
在建工程			递延所得税负债		
工程物资			其他非流动负债		
固定资产清理			非流动负债合计		
生产性生物资产			负债合计		
油气资产			所有者权益：		
无形资产			实收资本(或股本)		
开发支出			资本公积		
商誉			减:库存股		
长期待摊费用			盈余公积		
递延所得税资产			未分配利润		
其他非流动资产			所有者权益合计		
非流动资产合计					
资产总计			负债和所有者权益总计		

1. 表首部分

资产负债表的表首部分是报表的标志，有报表名称、编制单位、编报日期和金额单位。资产负债表是静态报表，编制日期应填列报告期末最后一天的日期。

2. 正表部分

资产负债表的正表部分是报表的主体，左边包括资产类各项目，右边包括负债类及所有者权益类各项目。资产类各项目根据资产流动性的高低，按由高到低的顺序排列，依次为流动资产、非流动资产；负债类项目按负债到期日由近到远的顺序排列，依次为流动负债、非流动负债；所有者权益类项目按其永久性递减的顺序排列，依次为实收资本（股本）、资本公积、盈余公积、未分配利润。资产负债表左方反映企业在某个特定日期持有的不同形态的资产价值；右方反映的是左方资产的来源，即来自于债权人的债权和归属所有者的资本。

第二节　资产负债表的编制方法

一、编制资产负债表的前续工作

（一）全面清查资产，核实债权债务

资产负债表反映的资产、负债和所有者权益是企业报告时点所反映的财务状况，表中各项指标数字必须真实可靠，正确无误。报表中的数据均来源于会计账簿的金额，因此必须在编制报表时做到账实相符，使账簿资料能够如实反映企业所控制的资源和承担的现时义务。

（二）完成对账和结账

在核对各会计账簿之间的余额后结出有关会计账簿的余额和发生额，便于反映企业的财务状况和经营成果，为报表的编制做好铺垫工作。

二、资产负债表的编制方法

资产负债表的编制是以日常会计核算记录的数据为基础进行归类、整理和汇总，加工成报表项目的过程。

（一）“年初数”的填列方法

表中“年初数”栏内各项目数字，应根据上年末资产负债表“期末数”栏内所列数字填列。如果本年度资产负债表规定的各个项目的名称和内容同上年度不相一致，应对上年年末资产负债表各项目的名称和数字按照本年度的规定进行调整，按调整后的数字填入本表“年初数”栏内。

（二）“期末数”的填列方法

“期末数”是指某一会计期末的数字，即月末、季末、半年末或年末的数字。它们是根据各

项目有关总账科目或明细科目的期末余额直接填列或计算分析填列的。资产负债表的每个资产项目都应反映企业所拥有或控制的资源,每个负债项目都应反映企业所承担的现时义务,每个所有者权益项目都反映所有者拥有的净资产。因此,当资产项目与账户余额反映的内容一致时,报表项目可根据总账余额直接填列或若干总账余额合计填列。当资产项目与账户余额反映的内容不一致时,报表项目可根据若干明细账余额合计填列或相关数字分析计算填列。

“期末数”填列方法如下:

(1)“货币资金”项目,反映企业库存现金、银行结算户存款、外埠存款、银行汇票存款、银行本票存款、信用卡存款、信用证保证金存款等的合计数。

本项目应根据“库存现金”、“银行存款”和“其他货币资金”科目的期末余额合计数填列。

(2)“交易性金融资产”项目,反映企业为交易目的所持有的债券投资、股票投资、基金投资等交易性金融资产,包括企业持有的直接指定为以公允价值计量且其变动计入当期损益的交易性金融资产。

本项目应当根据“交易性金融资产”科目的期末余额填列。

(3)“应收票据”项目,反映企业收到的未到期收款,也未向银行贴现的应收票据,包括商业承兑汇票和银行承兑汇票。

本项目应根据“应收票据”科目的期末余额填列。

(4)“应收账款”项目,反映企业因销售商品、提供劳务等经营活动应收取的款项。

本项目应根据“应收账款”和“预收账款”科目所属各明细科目的期末借方余额合计减去“坏账准备”科目中有关应收账款计提的坏账准备期末余额后的金额填列。如“应收账款”科目所属明细科目期末有贷方余额的,应在本表“预收款项”项目内填列。

(5)“预付款项”项目,反映企业按照购货合同规定预付给供应单位的款项等。

本项目应根据“预付账款”和“应付账款”科目所属各明细科目的期末借方余额合计数填列。如“预付账款”科目所属各明细科目期末有贷方余额的,应在资产负债表“应付账款”项目内填列。

(6)“应收利息”项目,反映企业应收取的债券投资等的利息。

本项目应根据“应收利息”科目的期末余额直接填列。

(7)“应收股利”项目,反映企业应收取的现金股利和应收取其他单位分配的利润。

本项目应根据“应收股利”科目的期末余额直接填列。

(8)“其他应收款”项目,反映企业除应收票据、应收账款、预付账款、应收股利、应收利息等经营活动以外的其他各种应收、暂付的款项。

本项目应根据“其他应收款”科目的期末余额,减去“坏账准备”科目中有关其他应收款计提坏账准备期末余额后的金额填列。

(9)“存货”项目,反映企业期末库存、在途和在加工中的各种存货的可变现净值。

本项目应根据“在途物资”、“原材料”、“材料采购”、“低值易耗品”、“周转材料”、“委托加工物资”、“生产成本”、“库存商品”、“发出商品”、“材料成本差异”、“商品进销差价”等科目的期末余额合计，减去“存货跌价准备”科目期末余额后的金额填列。

(10)“1 年内到期的非流动资产”项目，反映企业将于 1 年内到期的非流动资产项目金额。

本项目应根据 1 年内到期的“持有至到期投资”、“长期应收款”以及“长期待摊费用”等科目的期末余额分析计算填列。

(11)“其他流动资产”项目，反映企业除以上流动资产项目外的其他流动资产。

本项目应根据有关账户的期末余额填列。其他流动资产价值较大的，应在会计报表附注中披露其内容和金额。

(12)“可供出售金融资产”项目，反映企业持有的划分为可供出售金融资产的公允价值。

本项目根据“可供出售金融资产”科目的期末余额分析填列。

(13)“持有至到期投资”项目，反映企业持有至到期投资的价值。

本项目应根据“持有至到期投资”科目的期末余额扣减“持有至到期投资减值准备”科目期末余额后的金额填列。

(14)“长期应收款”项目，反映企业融资租赁产生的应收款项、采用递延方式具有融资性质的销售商品和提供劳务等产生的长期应收款项。

如果长期应收款计提了坏账准备，本项目则应根据“长期应收款”科目的期末余额，减去“坏账准备”科目中有关长期应收款计提的坏账准备的期末余额、“未实现融资收益”科目期末余额以及 1 年内到期的长期应收款后的金额填列。

(15)“长期股权投资”项目，反映企业持有的对子公司、联营企业和合营企业的权益性投资，以及企业持有的对被投资单位不具有控制、共同控制或重大影响，且在活跃市场中没有报价、公允价值不能可靠计量的权益性投资。

本项目应根据“长期股权投资”科目的期末余额减去“长期股权投资减值准备”科目的期末余额后的金额填列。

(16)“投资性房地产”项目，反映企业期末持有的投资性房地产的实际价值，包括采用成本模式计量的投资性房地产和采用公允价值模式计量的投资性房地产。

本项目应根据“投资性房地产”科目的期末余额，减去“投资性房地产减值准备”所属相关明细科目期末余额后的金额分析计算填列。

(17)“固定资产”项目，反映企业固定资产的期末可收回金额。

本项目应根据“固定资产”科目的期末余额，减去“累计折旧”和“固定资产减值准备”科目期末余额后的金额填列。

(18)“在建工程”项目，反映企业期末各项未完工程的实际支出。

本项目应根据“在建工程”科目的期末余额，减去“在建工程减值准备”科目期末余额后的金额填列。

(19)“工程物资”项目,反映企业为各项工程购进但尚未使用的各项物资的实际成本。

本项目应根据“工程物资”科目的期末余额,减去“工程物资减值准备”科目期末余额后的金额填列。

(20)“固定资产清理”项目,反映企业因出售、毁损、报废等原因转入清理但尚未清理完毕的固定资产的净值,以及固定资产清理过程中所发生的清理费用和变价收入等各项金额的差额。

本项目应根据“固定资产清理”科目的期末借方余额填列,如“固定资产清理”科目期末为贷方余额,以“-”号填列。

(21)“无形资产”项目,反映企业各项无形资产的期末可收回金额。

本项目应根据“无形资产”科目的期末余额,减去“累计摊销”和“无形资产减值准备”科目期末余额后的金额填列。

(22)“开发支出”项目,反映企业进行研究与开发无形资产过程中能够资本化、形成无形资产成本的支出部分。

本项目应当根据“研发支出”科目中所属的“资本化支出”明细科目期末余额填列。

(23)“长期待摊费用”项目,反映企业已经发生但应由本期和以后各期负担的分摊期限在1年以上的各项费用。

本项目应根据“长期待摊费用”科目的期末余额减去将于1年内(含1年)摊销的数额后的金额填列。

(24)“递延所得税资产”项目,反映企业确认的递延所得税资产。

本项目应根据“递延所得税资产”账户期末余额分析填列。

(25)“其他非流动资产”项目,反映企业除以上资产以外的其他长期资产。

本项目应根据有关账户的期末余额填列。其他长期资产价值较大的,应在附注中披露其内容和金额。

(26)“短期借款”项目,反映企业向银行或其他金融机构等借入的期限在1年以内(含1年)的各种借款。

本项目应根据“短期借款”科目的期末余额填列。

(27)“交易性金融负债”项目,反映企业为交易而发生的金融负债,包括企业持有的直接指定以公允价值计量且其变动计入当期损益的金融负债。

本项目应根据“交易性金融负债”等账户的期末余额分析填列。

(28)“应付票据”项目,反映企业购买材料、商品和接受劳务供应等而开出、承兑的商业汇票,包括银行承兑汇票和商业承兑汇票。

本项目应根据“应付票据”科目的期末余额填列。

(29)“应付账款”项目,反映企业因购买材料、商品和接受劳务供应等经营活动应支付的款项。

本项目应根据“应付账款”和“预付账款”科目所属各明细科目的期末贷方的余额合计数填列。如“应付账款”科日所属明细科目期末有借方余额的,应在资产负债表“预付款项”项目内填列。

(30)“预收款项”项目,反映企业预收购买单位的款项。本项目应根据“预收账款”和“应收账款”科目所属各明细科目的期末贷方余额合计数填列。如“预收账款”科目所属各明细科目期末有借方余额,应在资产负债表“应收账款”项目内填列。

(31)“应付职工薪酬”项目,反映企业应付未付的职工薪酬。

本项目应根据“应付职工薪酬”账户期末贷方余额填列。如“应付职工薪酬”账户期末为借方余额,以“-”号填列。

(32)“应付利息”项目,反映企业按照规定应当支付的利息,包括分期付息到期还本的长期借款应支付的利息、企业发行的企业债券应支付的分期支付的利息等。

本项目应当根据“应付利息”科目的期末余额填列。

(33)“应付股利”项目,反映企业分配的现金股利或利润。企业分配的股票股利,不通过本项目列示。

本项目应根据“应付股利”科目的期末余额填列。

(34)“其他应付款”项目,反映企业所有应付和暂收其他单位和个人的款项。

本项目应根据“其他应付款”账户的期末余额填列。

(35)“1 年内到期的非流动负债”项目,反映企业承担的 1 年内到期的非流动负债。

本项目应根据 1 年内到期的“长期借款”、“应付债券”和“长期应付款”等科目的期末余额分析计算填列。

(36)“其他流动负债”项目,反映企业除以上流动负债以外的其他流动负债。

本项目应根据有关账户的期末余额填列,如“待转资产价值”账户的期末余额可在本项目内反映。其他流动负债价值较大的,应在会计报表附注中披露其内容及金额。

(37)“长期借款”项目,反映企业向银行或其他金融机构借入的期限在 1 年以上(不含 1 年)的各项借款。

本项目应根据“长期借款”科目的期末余额扣除 1 年内(含 1 年)到期的部分后的余额填列。

(38)“应付债券”项目,反映企业为筹集长期资金而发行的债券本金和利息。

本项目应根据“应付债券”科目的期末余额扣除 1 年内(含 1 年)到期的部分后的余额填列。

(39)“长期应付款”项目,反映企业除长期借款和应付债券以外的其他各种长期应付款。

本项目应根据“长期应付款”科目的期末余额扣除 1 年内(含 1 年)到期的部分后的余额,再减去“未确认融资费用”科目期末余额后的金额填列。

(40)“专项应付款”项目,反映企业取得国家作为所有者投入的具有专项或特定用途的款项,如属于工程项目的资本性拨款等。

本项目应根据“专项应付款”科目的期末余额填列。

(41)“预计负债”项目,反映企业根据或有事项等相关准则确认的各项预计负债。

本项目应根据“预计负债”科目的期末余额填列。

(42)“递延所得税负债”项目,反映企业确认的递延所得税负债。

本项目应根据“递延所得税负债”账户期末余额分析填列。

(43)“其他非流动负债”项目,反映企业除以上非流动负债项目以外的其他非流动负债。

本项目应根据有关科目的期末余额减去将于1年内(含1年)到期偿还数后的余额填列。其他非流动负债价值较大的,应在附注中披露其内容和金额。

(44)“实收资本(或股本)”项目,反映企业各投资者实际投入的资本(或股本)总额。

本项目应根据“实收资本(或股本)”科目的期末余额填列。

(45)“资本公积”项目,反映企业收到投资者出资额超过其注册资本或股本所占份额的部分及直接计入所有者权益的利得或损失的期末余额。

本项目应根据“资本公积”科目的期末余额填列。

(46)“盈余公积”项目,反映企业利润分配过程中所积累的法定盈余公积和任意盈余公积的期末余额。

本项目应根据“盈余公积”科目的期末余额填列。

(47)“未分配利润”项目,反映企业尚未分配的利润。

本项目应根据“本年利润”科目和“利润分配”科目的余额分析计算填列。未弥补的亏损在本项目内以“-”号填列。如果填列1~11月份本项目金额,需要根据“本年利润”科目和“利润分配”科目的余额,如果填列12月份本项目金额,需要根据“利润分配”科目余额。

第三节　资产负债表的编制实务

【例2.1】　中华有限责任公司为增值税一般纳税人,增值税税率为17%,所得税税率为25%。该公司2009年12月31日的科目余额表见表2.4。

表2.4　科目余额表

编制单位:中华有限责任公司　　2009年12月31日　　单位:元

账户名称	借方余额	账户名称	贷方余额
库存现金	3 000	坏账准备	1 800
银行存款	1 004 745	累计折旧	442 000
其他货币资金	213 000	累计摊销	60 000

续表 2.4

编制单位:中华有限责任公司　　2009 年 12 月 31 日　　单位:元

账户名称	借方余额	账户名称	贷方余额
交易性金融资产	20 000	短期借款	450 000
应收票据	46 000	应付票据	100 000
应收账款	600 000	应付账款	953 800
预付账款	100 000	其他应付款	50 000
其他应收款	5 000	应付利息	159 000
原材料	795 000	应付职工薪酬	180 000
材料成本差异	40 250	应交税费	111 944
材料采购	150 000	长期借款	1 101 000
周转材料	30 000	其中:1 年内到期的	200 000
库存商品	1 579 450	实收资本	5 020 000
长期股权投资	250 000	盈余公积	185 685.15
固定资产	2 501 000	利润分配	202 215.85
工程物资	150 000		
在建工程	730 000		
无形资产	600 000		
长期待摊费用	200 000		
合　计	9 017 445	合　计	9 017 445

注:坏账准备为应收账款计提;应收账款明细账的余额分别为:

应收账款——甲公司 300 000 元(借方);

应收账款——乙公司 500 000 元(借方);

应收账款——丙公司 200 000 元(贷方);

中华有限责任公司 2010 年发生如下经济业务:

(1)以银行存款支付前欠红星公司货款 20 000 元。

(2)购入原材料一批,货款 100 000 元,增值税 17 000 元,款项通过银行转账支付,材料尚未运到。

(3)上述原材料运到并已验收入库。该批材料的计划成本为 95 000 元。

(4)购入材料一批,价款 100 000 元,增值税 17 000 元,款项以银行汇票支付。原材料已验收入库。该批材料计划价格为 100 000 元。

(5)企业收到开户银行转来银行汇票多余款项收账通知,通知上写明余款为3 000元。

(6)向甲公司销售产品一批,销售价格500 000元,增值税85 000元。该批产品实际成本280 000元。产品已发出,款项未收到。

(7)企业将列入交易性金融资产的股票出售,售价16 500元,该股票账面价值为15 000元,款项均已存入银行。

(8)购入不需要安装的生产设备一台,价款96 000元,增值税16 320元,包装费、运输费1 680元,款项均以银行存款支付。

(9)购入用于建造厂房的工程物资一批,价税合计200 000元,款项以银行存款支付。

(10)企业购入美洋公司2%的股权作为长期股权投资,实际支付的购买价款为120 000元,其中包含已宣告发放但尚未领取的现金股利20 000元,该企业采用成本法核算。

(11)收到上述已宣告发放尚未领取的现金股利20 000元,款项已存入银行。

(12)以银行存款偿还长期借款本金200 000元,偿还已计提的利息20 000元。

(13)计算在建工程应负担长期借款利息100 000元。

(14)工程完工,已办理竣工手续,交付生产使用。固定资产价值1 000 000元。

(15)生产车间报废一台机床,原值150 000元,已提折旧130 000元,发生清理费用2 500元,取得残值变价收入1 500元,款项均通过银行结算。

(16)从银行借入为期3年的借款500 000元,款项已存入银行。

(17)向乙公司销售产品一批,售价900 000元,增值税153 000元。该批产品的实际成本520 000元,款项已收到并存入银行。

(18)企业将要到期的无息银行承兑汇票连同解讫通知和进账单交银行办理转账,该汇票面值为20 000元,款项银行已收妥。

(19)收到被投资单位分发的现金股利30 000元,款项已存入银行。

(20)出售不需用设备一台,收到价款400 000元,该设备原值500 000元,已提折旧250 000元,款项已存入银行。

(21)短期借款到期归还本金200 000元,利息10 000元(已预提)。

(22)从银行提取现金600 000元,备发工资。

(23)发放工资600 000元,其中包括在建工程人员工资150 000元。

(24)计算分配职工工资600 000元,其中生产工人工资400 000元,车间管理人员工资25 000元,行政部门管理人员工资25 000元,在建工程人员应付工资150 000元。

(25)计算分配职工福利费84 000元,其中生产工人福利费56 000元,车间管理人员福利费3 500元,行政部门管理人员福利费3 500元,在建工程人员福利费21 000元。

(26)计提应计入本期损益的长期借款利息23 000元。

(27)生产产品领用原材料一批,计划成本600 000元;领用包装物一批,计划成本30 000元。

(28)计算并结转领用原材料及包装物应分摊的材料成本差异，材料成本差异率均为5%。

(29)本月摊销无形资产35 000元。推销开办费15 000元。

(30)管理部门发生水费20 000元，基本生产车间发生水费80 000元，均以银行存款支付。

(31)本月计提固定资产折旧120 000元，其中生产车间用设备计提90 000元，管理部门用设备计提30 000元。

(32)年末，按应收账款的3‰计提坏账准备。

(33)以银行存款支付产品广告费20 000元。

(34)结转本期制造费用198 500元，本期生产产品全部完工验收入库，结转本期完工产品成本1 316 000元。

(35)向丙公司销售产品一批，价款800 000元，增值税136 000元，收到面值为936 000元的商业承兑汇票一张。该产品实际成本500 000元。

(36)企业将上述商业承兑汇票到银行办理贴现，贴现息60 000元。

(37)从银行提取现金60 000元，准备支付退休金。

(38)以现金支付退休金60 000元，该企业退休金发放未纳入统筹。

(39)计算本企业应交纳的城建税6 250元，教育费附加2 500元。

(40)以银行存款缴纳增值税150 000元、城建税6 250元和教育费附加2 500元。

(41)期末，结转本期产品销售成本。

(42)年末，将各损益类账户发生额转入“本年利润”账户。

(43)计算并结转所得税费用(本企业适用所得税率为25%)。

(44)结转本年净利润。

(45)按净利润的10%提取法定盈余公积金。

(46)向股东宣告分配现金股利100 000元。

(47)将利润分配各明细科目的余额转入“未分配利润”明细科目。

(48)以银行存款缴纳所得税60 000元。

(49)收到银行通知，以银行存款支付到期的商业承兑汇票货款20 000元。

要求：根据上述资料编制会计分录、登记账簿和生成科目余额表，并编制2010年12月31日资产负债表。

第一步，编制会计分录：

(1)借：应付账款—— 红星公司	20 000	
贷：银行存款		20 000
(2)借：材料采购	100 000	
应交税费——应交增值税(进项税额)	17 000	
贷：银行存款		117 000

(3)借:原材料 95 000
材料成本差异 5 000
贷:材料采购 100 000

(4)借:材料采购 100 000
应交税费——应交增值税(进项税额) 17 000
贷:其他货币资金——银行汇票存款 117 000
借:原材料 100 000
贷:材料采购 100 000

(5)借:银行存款 3 000
贷:其他货币资金——银行汇票存款 3 000

(6)借:应收账款——甲公司 585 000
贷:主营业务收入 500 000
应交税费—应交增值税(销项税额) 85 000

(7)借:其他货币资金 16 500
贷:交易性金融资产——成本 15 000
投资收益 1 500

(8)借:固定资产 97 680
应交税费——应交增值税(进项税额) 16 320
贷:银行存款 114 000

(9)借:工程物资 200 000
贷:银行存款 200 000

(10)借:长期股权投资 100 000
应收股利 20 000
贷:银行存款 120 000

(11)借:银行存款 20 000
贷:应收股利 20 000

(12)借:长期借款 200 000
应付利息 20 000
贷:银行存款 220 000

(13)借:在建工程 100 000
贷:应付利息 100 000

(14)借:固定资产 1 000 000
贷:在建工程 1 000 000

(15)借:固定资产清理 20 000

累计折旧　130 000
　贷:固定资产　150 000
借:固定资产清理　2 500
　贷:银行存款　2 500
借:银行存款　1 500
　贷:固定资产清理　1 500
借:营业外支出——处置非流动资产损失　21 000
　贷:固定资产清理　21 000
(16)借:银行存款　500 000
　贷:长期借款　500 000
(17)借:银行存款　1 053 000
　贷:主营业务收入　900 000
　　应交税费——应交增值税(销项税额)　153 000
(18)借:银行存款　20 000
　贷:应收票据　20 000
(19)借:银行存款　30 000
　贷:投资收益　30 000
(20)借:固定资产清理　250 000
　累计折旧　250 000
　贷:固定资产　500 000
借:银行存款　400 000
　贷:固定资产清理　400 000
借:固定资产清理　150 000
　贷:营业外收入——处置非流动资产利得　150 000
(21)借:短期借款　200 000
　应付利息　10 000
　贷:银行存款　210 000
(22)借:库存现金　600 000
　贷:银行存款　600 000
(23)借:应付职工薪酬——工资　600 000
　贷:库存现金　600 000
(24)借:生产成本　400 000
　制造费用　25 000
　管理费用　25 000

在建工程	150 000	
贷:应付职工薪酬——工资		600 000
(25)借:生产成本	56 000	
制造费用	3 500	
管理费用	3 500	
在建工程	21 000	
贷:应付职工薪酬——职工福利		84 000
(26)借:财务费用	23 000	
贷:应付利息		23 000
(27)借:生产成本——基本生产成本	630 000	
贷:原材料		600 000
周转材料——包装物		30 000
(28)借:生产成本	31 500	
贷:材料成本差异		31 500
(29)借:管理费用	35 000	
贷:累计摊销		35 000
(30)借:制造费用	80 000	
管理费用	20 000	
贷:银行存款		100 000
(31)借:制造费用	90 000	
管理费用	30 000	
贷:累计折旧		120 000
(32)借:资产减值损失	1 755	
贷:坏账准备——应收账款		1 755
(33)借:销售费用	20 000	
贷:银行存款		20 000
(34)借:生产成本	198 500	
贷:制造费用		198 500
借:库存商品	1 316 000	
贷:生产成本		1 316 000
(35)借:应收票据	936 000	
贷:主营业务收入		800 000
应交税费——应交增值税(销项税额)		136 000
(36)借:银行存款	876 000	

财务费用	60 000	
贷:应收票据		936 000
(37)借:库存现金	60 000	
贷:银行存款		60 000
(38)借:管理费用	60 000	
贷:库存现金		60 000
(39)借:营业税金及附加	8 750	
贷:应交税费——应交教育费附加		2 500
——应交城建税		6 250
(40)借:应交税费——应交增值税(已交税金)	150 000	
——城建税	6 250	
——教育费附加	2 500	
贷:银行存款		158 750
(41)借:主营业务成本	1 300 000	
贷:库存商品		1 300 000
(42)借:本年利润	1 623 005	
贷:主营业务成本		1 300 000
营业税金及附加		8 750
管理费用		188 500
销售费用		20 000
财务费用		83 000
资产减值损失		1 755
营业外支出		21 000
借:主营业务收入	2 200 000	
营业外收入	150 000	
投资收益	31 500	
贷:本年利润		2 381 500
(43)借:所得税费用	189 623.75	
贷:应交税费——应交所得税		189 623.75
借:本年利润	189 623.75	
贷:所得税费用		189 623.75
(44)借:本年利润	568 871.25	
贷:利润分配——未分配利润		568 871.25
(45)借:利润分配——提取法定盈余公积	56 887.13	

贷:盈余公积——法定盈余公积 56 887.13

(46)借:利润分配——应付现金股利 100 000

贷:应付股利 100 000

(47)借:利润分配——未分配利润 156 887.13

贷:利润分配——提取法定盈余公积 56 887.13

——应付现金股利 100 000

(48)借:应交税费——应交所得税 60 000

贷:银行存款 60 000

(49)借:应付票据 20 000

贷:银行存款 20 000

第二步,登记账簿:

为了简化起见,用T形账户代替各明细账,总账为所属明细账的汇总。为了核对经济业务,T形账户中的业务序号与经济业务的序号一致。各T形账户见表2.5。

表2.5 T形账户

银行存款

单位:元

期初余额:	1 004 745	(1)支付前欠货款	20 000
(5)收回银行汇票余款	3 000	(2)支付材料款	117 000
(11)收到已宣告发放的股利	20 000	(8)购固定资产	114 000
(15)收到报废机床的残值	1 500	(9)购工程物资	200 000
(16)借入长期借款	500 000	(10)购长期股权投资成本	100 000
(17)销售产品	1 053 000	应收股利	20 000
(18)收到银行承兑汇票承兑款	20 000	(12)偿还长期借款本金	200 000
(19)收到现金股利	30 000	偿还长期借款利息	20 000
(20)收到出售设备价款	400 000	(15)支付报废机床清理费	2 500
(36)收到汇票贴现款	876 000	(21)偿还短期借款本金	200 000
		偿还短期借款利息	10 000
		(22)提取工资款	600 000
		(30)支付水费	100 000
		(33)支付广告费	20 000
		(37)提取退休金	60 000
		(40)缴纳增值税	150 000

续表 2.5

银行存款　　单位:元

期初余额:	1 004 745	(1)支付前欠货款	20 000
		缴纳城建税	6 250
		缴纳教育费附加	2 500
		(48)缴纳企业所得税	60 000
		(49)支付到期汇票货款	20 000
期末余额:	1 885 995		

库存现金

期初余额:	3 000		
(22)提取工资款	600 000	(23)发放工资	600 000
(37)提取退休金	60 000	(38)发放退休金	60 000
期末余额:	3 000		

其他货币资金

期初余额:	213 000		
(7)出售短期持有股票	16 500	(4)银行汇票付款	117 000
		(5)退回余款	3 000
期末余额:	109 500		

交易性金融资产

期初余额:	20 000		
		(7)出售短期持有股票	15 000
期末余额:	5 000		

应收票据

期初余额:	46 000		
(35)销售产品	936 000	(18)收到货款	20 000
		(36)收到汇票贴现款	936 000
期末余额:	26 000		

应收账款——甲公司

期初余额:	300 000		
(6)销售产品	585 000		
期末余额:	885 000		

应收账款——乙公司

期初余额:	500 000		

应收账款——丙公司

		期初余额:	200 000

应收账款

期初余额:	600 000		
(6)销售产品	585 000		
期末余额:	1 185 000		

坏账准备

		期初余额：	1 800
		(32)计提坏账准备	1 755
		期末余额：	3 555

预付账款

期初余额：	100 000		

其他应收款

期初余额：	5 000		

应收股利

(10)购入中股利	20 000	(11)收到股利	20 000
期末余额：	0		

材料成本差异

期初余额：	40 250		
(3)材料验收入库	5 000	(28)结转材料差异	31 500
期末余额：	13 750		

原材料

期初余额：	795 000		
(3)材料验收入库	95 000	(27)领用材料	600 000
(4)材料验收入库	100 000		
期末余额：	390 000		

材料采购

期初余额：	150 000		
(2)购材料	100 000	(3)材料验收入库	100 000
(4)购材料	100 000	(4)材料验收入库	100 000
期末余额：	150 000		

库存商品

期初余额：	1 579 450		
(34)产品完工	1 316 000	(41)结转销售成本	1 300 000
期末余额：	1 595 450		

周转材料

期初余额：	30 000		
		(27)领用包装物	30 000
期末余额：	0		

生产成本

(24)分配工资	400 000	(34)产品完工	1 316 000
(25)计提福利费	56 000		
(27)生产领用材料	630 000		
(28)分摊材料成本差异	31 500		
(34)结转制造费用	198 500		
期末余额：	0		

制造费用

(24)分配工资	25 000	(34)结转制造费用	198 500
(25)计提福利费	3 500		
(30)分配水费	80 000		
(31)计提折旧	90 000		
期末余额：	0		

固定资产

期初余额：	2 501 000		
(8)购生产设备	97 680	(15)车床报废	150 000
(14)工程竣工	1 000 000	(20)出售设备	500 000
期末余额：	2 948 680		

累计折旧

		期初余额：	442 000
(15)车床报废	130 000	(31)计提折旧	120 000
(20)出售设备	250 000		
		期末余额：	182 000

固定资产清理

(15)车床报废	20 000	(15)收到残值	1 500
(15)支付清理费	2 500	(15)结转清理损失	21 000
(20)出售设备	250 000	(20)转让设备收入	400 000
(20)结转清理收益	150 000		
期末余额：	0		

在建工程

期初余额：	730 000		
(13)长期借款利息	100 000	(14)工程竣工	1 000 000
(24)分配工资	150 000		
(25)计提福利费	21 000		
期末余额：	1 000		

工程物资

期初余额：	150 000		
(9)购工程物资	200 000		
期末余额：	350 000		

长期股权投资

期初余额：	250 000		
(10)购长期股权	100 000		
期末余额：	350 000		

无形资产

期初余额：	600 000		

累计摊销

		期初余额：	60 000
		(29)摊销无形资产	350 000
		期末余额：	95 000

长期待摊费用

期初余额：	200 000		
		(29)摊销开办费	15 000
期末余额：	185 000		

其他应付款

借方		贷方	
		期初余额：	50 000

短期借款

借方		贷方	
		期初余额：	450 000
(21)偿还借款	200 000		
		期末余额：	250 000

应付票据

借方		贷方	
		期初余额：	100 000
(49)支付到期汇票货款	20 000		
		期末余额：	80 000

应付账款

借方		贷方	
		期初余额：	953 800
(1)支付前欠货款	200 000		
		期末余额：	933 800

应付利息

借方		贷方	
		期初余额：	159 000
(12)还长期借款利息	20 000	(13)长期借款利息	100 000
(21)还短期借款利息	10 000	(26)长期借款利息	23 000
		期末余额：	252 000

应付股利

借方		贷方	
		(46)分配股利	100 000
		期末余额：	100 000

预收账款

借方		贷方	
		期初余额：	200 000

应交税费

借方		贷方	
		期初余额：	111 944
(2)购材料	17 000	(6)销售产品	85 000
(4)购材料	17 000	(17)销售产品	153 000
(8)购生产设备	16 320	(35)销售产品	136 000
(40)缴纳增值税	150 000	(39)计提城建税	6 250
缴纳城建税	6 250	计提教育费附加	2 500
缴纳教育费附加	2 500	(43)计提所得税	189 623.75
(48)缴纳企业所得税	60 000		
		期末余额：	415 247.75

应付职工薪酬

借方		贷方	
(23)发放工资		期初余额：	180 000
	600 000	(24)分配工资	600 000
		(25)计提福利费	84 000
		期末余额：	264 000

长期借款

借方		贷方	
		期初余额：	11 010 000
(12)还本金	200 000	(16)收到借款	500 000
		期末余额：	1 401 000

利润分配

		期初余额：	202 215.85
(45)提取盈余公积	56 887.13	(44)结转本年利润	568 871.25
(46)宣告分配股利	100 000	(47)结转提取的盈余公积	56 887.13
(47)结转利润分配	156 887.13	(47)结转应付股利	100 000
		期末余额：	614 199.97

本年利润

(42)结转成本费用	1 623 005	(42)结转入本年利润	2 381 500
(43)结转所得税	189 623.75		
(44)转入利润分配	568 871.25		

盈余公积

		期初余额：	185 685.15
		(45)提取盈余公积	56 887.13
		期末余额：	242 572.28

实收资本

		期末余额：	5 020 000

主营业务收入

(42)结转入本年利润	2 200 000	(6)销售产品	500 000
		(17)销售产品	900 000
		(35)销售产品	800 000

主营业务成本

(41)结转销售成本	1 300 000	(42)结转入本年利润	1 300 000

营业税金及附加

(39)计提税金	8 750	(42)结转入本年利润	8 750

管理费用

(24)分配工资	25 000	(42)结转入本年利润	188 500
(25)计提福利费	3 500		
(29)摊销无形资产	35 000		
摊销开办费	15 000		
(30)分摊水费	20 000		
(31)计提折旧	30 000		
(38)发放退休金	60 000		

销售费用

(33)支付广告费	20 000	(42)结转入本年利润	20 000

投资收益

(42)结转入本年利润	31 500	(7)出售短期持有股票	1 500
		(19)收到股利	30 000

财务费用

(26)长期借款利息	23 000	(42)结转入本年利润	83 000
(36)票据贴现息	60 000		

营业外收入

(42)结转入本年利润 150 000	(20)结转出信号设备净收益 150 000

营业外支出

(15)结转报废车床净损失 21 000	(42)结转入本年利润 21 000

资产减值损失

(32)计提坏账准备 1 775	(42)结转入本年利润 1 775

所得税费用

(43)计提所得税 189 623.75	(43)结转入本年利润 189 623.75

第三步,生成科目余额表:

表 2.6 科目余额表

2010 年 12 月 31 日

单位:元

账户名称	借方余额	账户名称	贷方余额
库存现金	3 000	坏账准备	3 555
银行存款	1 885 995	累计折旧	182 000
其他货币资金	109 500	累计摊销	95 000
交易性金融资产	5 000	短期借款	250 000
应收票据	26 000	应付票据	80 000
应收账款	1 185 000	应付账款	933 800
预付账款	100 000	其他应付款	50 000
其他应收款	5 000	应付利息	252 000
原材料	390 000	应付股利	100 000
材料成本差异	13 750	应付职工薪酬	264 000
材料采购	150 000	应交税费	415 247.75
库存商品	1 595 450	长期借款	1 401 000
长期股权投资	350 000	实收资本	5 020 000
固定资产	2 948 680	盈余公积	242 572.28
工程物资	350 000	利润分配	614 199.97
在建工程	1 000		
无形资产	600 000		
长期待摊费用	185 000		
合　计	9 903 375	合　计	9 903 375

注:应收账款——甲公司 885 000 元(借方);

应收账款——乙公司 500 000 元(借方);

应收账款——丙公司 200 000 元(贷方)。

表 2.7　资产负债表

会企 01 表

编制单位:中华有限责任公司　　2010 年 12 月 31 日　　单位:元

资　产	期末余额	年初余额	负债和股东权益	期末余额	年初余额
流动资产:			流动负债:		
货币资金	1 998 495	1 220 745	短期借款	250 000	450 000
交易性金融资产	5 000	20 000	交易性金融负债		
应收票据	26 000	46 000	应付票据	80 000	100 000
应收账款	1 381 445	798 200	应付账款	933 800	953 800
预付款项	100 000	100 000	预收款项	200 000	200 000
应收利息			应付职工薪酬	264 000	180 000
应收股利			应交税费	415 247.75	111 944
其他应收款	5 000	5 000	应付利息	252 000	159 000
存货	2 149 200	2 594 700	应付股利	100 000	
1 年内到期的非流动资产			其他应付款	50 000	50 000
其他流动资产			1 年内到期的非流动负债		200 000
流动资产合计	5 665 140	4 784 645	其他流动负债		
非流动资产:			流动负债合计	2 545 047.75	2 404 744
可供出售金融资产			非流动负债:		
持有至到期投资			长期借款	1 401 000	901 000
长期应收款			应付债券		
长期股权投资	350 000	250 000	长期应付款		
投资性房地产			专项应付款		
固定资产	2 766 680	2 059 000	预计负债		
在建工程	1 000	730 000	递延所得税负债		
工程物资	350 000	150 000	其他非流动负债		

续表 2.7

会企 01 表

编制单位:中华有限责任公司　　2010 年 12 月 31 日　　单位:元

资　产	期末余额	年初余额	负债和股东权益	期末余额	年初余额
固定资产清理			非流动负债合计	1 401 000	901 000
生产性生物资产			负债合计	3 946 047.75	3 105 744
油气资产			股东权益:		
无形资产	505 000	540 000	实收资本(或股本)	5 020 000	5 020 000
开发支出			资本公积		
商誉			减:库存股		
长期待摊费用	185 000	200 000	盈余公积	242 572.28	185 685.15
递延所得税资产			未分配利润	614 199.97	202 215.85
其他非流动资产					
非流动资产合计	4 157 680	3 929 000	股东权益合计	5 876 772.25	5 407 901
资产总计	9 822 820	8 713 645	负债和股东权益总计	9 822 820	8 713 645

本章小结

1. 资产负债表是反映企业在某一特定日期财务状况的会计报表。它反映企业在某一特定日期所拥有或控制的经济资源、所承担的现时义务和所有者对净资产的要求权,是一张静态报表。

2. 关于资产负债表的格式,目前国际上流行的主要有账户式和报告式两种,各国根据需要分别采用不同的格式。我国企业的资产负债表一般采用账户式。

3. 账户式资产负债表,又称平衡式资产负债表,是将资产项目列在报表的左方,负债和所有权益项目列在报表的右方。账户式资产负债表的平衡关系体现在左方的资产总额等于右方负债和所有者权益总额的合计,是左右两方的平衡。

4. 报告式资产负债表又称垂直式资产负债表,是将资产负债表的项目自上而下排列。首先列示资产项目,其次列示负债项目,最后再列示所有者权益项目。报告式资产负债表的平衡关系为“资产-负债=所有者权益”,它突出强调的是企业的所有者权益情况。

5. 资产负债表中“年初数”栏内各项目数字,应根据上年末资产负债表“期末数”栏内所列数字填列。如果本年度资产负债表规定的各个项目的名称和内容同上年度不相一致，应对上年年末资产负债表各项目的名称和数字按照本年度的规定进行调整，按调整后的数字填入本表“年初数”栏内。

6.“期末数”是指某一会计期末的数字，即月末、季末、半年末或年末的数字。它们是根据各项目有关总账科目或明细科目的期末余额直接填列或计算分析填列的。“期末数”填列方法有：根据总账余额直接填列，根据若干总账余额合计填列，根据若干明细账余额合计填列，根据相关数字分析计算填列，根据有关科目余额减去其备抵科目余额后的净额填列等。

思考题

1. 资产负债表能否表明企业某一会计年度发生的变化？为什么？
2. 资产负债表中各项目的年末数如何填列？
3. 请根据下表计算“货币资金”及“存货”项目的金额。

账户余额	借方余额	贷方余额
库存现金	2 000	
银行存款	2 370 000	
其他货币资金	50 000	
原材料	270 000	
发出商品	14 000	
周转材料	150 000	
库存商品	400 000	
生产成本	47 000	
材料成本差异		2 000
存货跌价准备		25 000

4. 企业2007年5月1日购买的期限为3年的债券，准备持有至到期。请问编制哪1年的资产负债表时该项债券应列入“1年内到期的非流动资产”？

5. 某企业2009年年末“持有至到期投资”总账借方余额50 000元，其中明细如下：2006年3月初购入4年期债券30 000元，2008年12月末购入3年期债券20 000元。请问编制2009年度的资产负债表时，“1年内到期的非流动资产”、“持有至到期投资”项目应如何填列？

【案例分析】

荣华实业2001年6月上市，大股东为甘肃武威荣华工贸总公司。2005年末，资产总额

15.1 亿元,净资产 10.9 亿元,收入 3.1 亿元,可货币资产只有 41.9 万元,资产负债率只有 15%,为何资金会如此紧缺呢?荣华实业主业是淀粉及其副产品、饲料、包装材料、塑料制品的生产、批发和零售,这些产品竞争都非常激烈,毛利率非常低,几乎是全行业亏损,但是近几年荣华实业的业绩还不错,上市以来历年的收入及净利润见下表。

单位:万元

项目	2001 年	2002 年	2003 年	2004 年	2005 年
收入	47 961	45 085	44 094	43 286	31 144
净利润	6 478	5 847	5 659	5 016	863

荣华实业这几年收入一直在 4.5 亿元左右,净利润也在 5 000 ~ 6 000 万元之间,2005 年有一定的滑坡。有三点使人对上述业绩产生怀疑:一是关联交易;二是资产膨胀;三是套取资金。

关联交易:荣华实业关联交易销售金额见下表。

单位:万元

项　　目	2001 年	2002 年	2003 年	2004 年	2005 年
关联交易销售金额	7 650	19 133	22 255	18 314	13 107
产生利润占主营业务利润比例	22.55%	29.6%	43.83%	33.46%	42.68%

除 2001 年的 7 650 万元(向荣华工贸总公司销售胚芽 3 977 万元,向荣华味精有限公司销售淀粉乳 3 673 万元)外,其余各年均为向荣华味精销售淀粉乳的金额。该交易是上市公司通过管道输送将淀粉乳直接销售给味精公司,同时按照淀粉乳折合商品淀粉的数量并以商品淀粉的价格结算。不知道审计师是如何核实淀粉乳的数量真实性。

资产膨胀:荣华实业 2000 年主营业务收入是 42 513 万元,上市以后基本维持在这个水平,主营业务停滞不前,五年内净募资金 66 770 万元,资产总额增长近三倍,而主营收入还在萎缩。这种现象的背后存在大量资产不是优质资产,已变成劣质资产的可能。以应收款项为例,2000 年应收款项只有 1 796 万元,而到 2005 年年报增加到 28 980 万元,增加了 15 倍。荣华实业目前资金匮乏,却容忍如此巨额(近 3 亿元)的应收款项存在,这说明什么?说明大量资产(收入)有虚增之嫌。其资产增长情况见下表。

单位:万元

项　目	2000 年 12 月 31 日	2005 年 12 月 31 日	增长
资　产	39 905	151 193	278.88%
负　债	18 171	41 396	127.81%
净资产	21 734	109 797	405.19%

套取资金:下表是荣华实业上市以来在建工程及固定资产原值数据。从表中可以看出,上市前后固定资产使用效率降低很多,但近四年来,固定资产原值一直在4亿多元,也就是说,大部分在建工程没有转为固定资产。与此同时,在建工程余额急剧上升,从上市前的8 000万元增加到2005年的8亿多元,而且2005年固定资产原值及在建工程余额几乎分文未动,2004年固定资产原值也没有动,在建工程只增加了4 000万元,在这13亿固定资产及在建工程背后,或表现为资产虚构,或以投资名义套取募集资金;从上述数据可以看出,近两年来,价值8亿多元的在建工程基本停滞,而从荣华实业财务报表我们发现所有固定资产及在建工程都没有用于抵押。

单位:万元

项　目	2000 年	2001 年	2002 年	2003 年	2004 年	2005 年
在建工程	7 934	37 710	54 444	78 332	82 338	82 214
固定资产原值	24 885	41 149	44 114	47 341	47 343	47 527

据2005年年报披露,82 214万元的在建工程主要包括:10万吨淀粉生产线10 394万元,3万吨谷氨酸生产线13 403万元,1万吨赖氨酸生产线16 873万元,4万吨赖氨酸生产线41 544万元。这些生产线究竟有多少是真实的?通过查阅2001年年报发现荣华实业上市前的2000年年末货币资金也只有26.6万元,一家营业额4亿多元的拟上市公司只有这么一点点现金,这也太异常了。

在这一系列异常的背后,怀疑荣华实业存在欺诈上市的可能,上市之后通过在建工程等科目套取募集资金,并通过关联交易创造收入和利润,荣华实业一直以来虚盈实亏,导致今日的资金链断裂。

问题:

1. 荣华实业通过何种手段虚增资产?

2. 荣华实业2000年年末货币资金也只有26.6万元,只占营业额的0.07%,这一现象为何不正常?

第三章

Chapter 3

利润表的编制

【学习要点及目标】

通过本章的学习,熟悉利润表的格式和内容,理解并掌握利润表的编制方法,能够熟练编制利润表。

【引导案例】

2003年3月5日深圳某报刊登了一篇题为《四川长虹在美国遭巨额诈骗》的文章,称四川长虹的最大债务人美国APEX公司欠其数十亿的应收账款可能收不回来,处于危险之中。这个消息导致四川长虹的股价暴跌,公司市值损失超过6亿元。那么,为什么一个传言竟能够给企业带来如此之大的损失?企业的盈利情况到底与哪些因素相关呢?

第一节 利润表的内容及格式

一、利润表的内容

利润表是反映企业在一定会计期间的经营成果的报表,反映了企业在过去的一段时间内所实现的收入、成本费用和最终利润情况,体现了企业本期经营活动成效情况,是一张动态的财务报表。综合来看,利润表具有以下特点:

(1)企业的利润是根据企业实际发生的经济业务中获取的各种收入和付出的相关成本费用进行计算的。这种在实际发生经济业务的基础上计算的利润,具有较高的可验证性,相对客观。

(2)企业收入和费用是根据权责发生制(不是收付实现)进行记录的,因而利润只有在实现后才予以入账，从而使企业的业绩呈现比较稳健的态势。

(3)与决定利润有关的成本费用是根据各项已耗资产的历史成本进行计量的。这种计量方法有助于跟踪企业实际投入的资源及其耗用情况，有助于反映企业管理当局对受托资源应付经营管理责任。

(4)企业的利润是本期已实现的收入与相关联的成本费用进行配比的结果，这种配比一般是以收入与费用之间的因果关系为基础的。根据配比原则确定的企业利润能够减少管理当局对企业利润的人为操纵，所以能较客观地反映企业的经营业绩。

二、利润表的格式

利润表是通过一定的表格来反映企业的经营成果。由于不同的国家和地区对会计报表的信息要求不完全相同，利润表的格式也不完全相同。目前，世界上比较普遍采用的利润表格式主要有单步式和多步式两种。

(一)单步式利润表

单步式利润表是将所有收入和所有费用分别加以汇总，用收入合计减去费用合计从而得出本期利润。单步式利润表编制方式简单，收入、费用归类清楚，但缺点是收入、费用的性质不加区分，硬性归为一类，不利于报表分析。基本格式见表3.1。

表3.1　利润表(单步式)

会企02表

编制单位：　　　　　　　　年　月　　　　　　　　单位：元

一、收入	
……	
……	
二、费用	
……	
……	
三、净利润	

(二)多步式利润表

多步式利润是将利润表的内容进行适当的分类，把利润的计算分成若干步骤，并揭示多步骤之间的关系，从而可以提供有关形成最终税后利润的中间性信息。多步式利润表的基本格式将主营业务活动和非主营业务活动分开列示，将成本和费用与相应的收入进行配比，得出一些中间利润指标，如营业利润、利润总额和净利润等数据，这既有利于计算有关比率，又有利于信息使用者评价企业的经营业绩的质量，分析及预测企业的经营趋势。

由于多步式利润表存在上述反映清晰的特点，能够提供更多的信息给报表使用者，因此是最为常用的利润表格式。我国利润表的格式采用的是多步式,多步式利润表格式见表3.2。

表3.2　利润表(多步式)

会企02表

编制单位:　　　　　　　　年　月　　　　　　　　单位:元

项　目	本期金额	上期金额(略)
一、营业收入		
减:营业成本		
营业税金及附加		
销售费用		
管理费用		
财务费用		
资产减值损失		
加:公允价值变动收益(损失以"-"号填列)		
投资收益(损失以"-"号填列)		
其中:对联营企业和合营企业的投资收益		
二、营业利润(亏损以"-"号填列)		
加:营业外收入		
减:营业外支出		
其中:非流动资产处置损失		
三、利润总额(亏损总额以"-"号填列)		
减:所得税费用		
四、净利润(净亏损以"-"号填列)		
五、每股收益:		
(一)基本每股收益		
(二)稀释每股收益		

第二节　利润表的编制方法

利润表的编制主要是以损益类账户的数据为基础进行分析、计算和汇总，加工成报表项目的过程。

一、“上期金额”栏的填列方法

“上期金额”栏内的各项数字，应根据上年该期利润表的“本期金额”栏内所列数字填列。如果上年该期利润表规定的各个项目的名称和内容同本期不一致，应对上年该期利润表各项目的名称和数字按本期的规定进行调整，填入利润表“上期金额”栏内。

二、“本期金额”栏的填列方法

报表中“本期金额”栏内各项目，除了“基本每股收益”和“稀释每股收益”、“营业利润”、“利润总额”、“净利润”项目外，其他项目应根据各损益类账户的发生额分析填列。

(1)“营业收入”项目，反映企业经营主要业务和其他业务所取得的收入总额。

本项目应根据“主营业务收入”、“其他业务收入”账户的发生额分析填列。

(2)“营业成本”项目，反映企业经营主要业务和其他业务所发生的成本总额。

本项目应根据“主营业务成本”、“其他业务成本”账户的发生额分析填列。

(3)“营业税金及附加”项目，反映企业经营活动应负担的营业税、消费税、城市维护建设税、资源税、土地增值税和教育费附加等。

本项目应根据“营业税金及附加”账户的发生额分析填列。

(4)“销售费用”项目，反映企业在销售商品过程中发生的包装费、广告费等费用和为销售本企业商品而专设的销售机构职工薪酬、业务费等经营费用。

本项目应根据“销售费用”账户的发生额分析填列。

(5)“管理费用”项目，反映企业为组织和管理生产经营发生的费用。

本项目应根据“管理费用”账户的发生额分析填列。

(6)“财务费用”项目，反映企业筹集生产经营所需资金等而发生的筹资费用。本项目应根据“财务费用”账户的发生额分析填列。

(7)“资产减值损失”项目，反映企业各项资产发生的减值损失。

本项目应根据“资产减值损失”账户的发生额分析填列。

(8)“公允价值变动损益”项目，反映企业应当计入当期损益的资产或负债公允价值变动收益。

本项目应根据“公允价值变动损益”账户的发生额分析填列。如为净资损失，以“-”号填列。

(9)“投资收益”项目,反映企业以各种方式对外投资所取得的收益。

本项目应根据“投资收益”账户的发生额分析填列。如为投资损失,以“-”号填列。

(10)“营业利润”项目,反映企业日常经营活动实现的营业利润。如为亏损,以“-”号填列。

营业利润=营业收入-营业成本-营业税金及附加-管理费用-销售费用-财务费用-资产减值损失+公允价值变动损益+投资收益

(11)“营业外收入”项目,反映企业发生的与其经营业务无直接关系的各项偶发的收入。

本项目应根据“营业外收入”账户的发生额分析填列。

(12)“营业外支出”项目,反映企业发生的与其经营业务无直接关系偶发的各项支出。

本项目应根据“营业外支出”账户的发生额分析填列。

(13)“利润总额”项目,反映企业实现的利润总额,但不包括直接计入所有者权益的利得和损失。如为亏损总额,以“-”号填列。

利润总额=营业利润+营业外收入-营业外支出

(14)“所得税费用”项目,反映企业应从当期利润总额中扣除的所得税费用。

本项目应根据“所得税费用”账户的发生额分析填列。

(15)“净利润”项目,反映企业实现的净利润。如为净亏损,以“-”号填列。

净利润=利润总额-所得税费用

(16)“基本每股收益”项目,反映企业按照属于普通股股东的当期净利润,除以发行在外普通股的加权平均数从而计算出的每股收益。如果企业有合并财务报表,企业应当以合并财务报表为基础计算和列报每股收益。基本每股收益反映目前的股本结构下的盈利水平。

(17)“稀释每股收益”项目,又称“冲淡每股收益”,是新会计准则所引入的一个全新概念,用来评价“潜在普通股”对每股收益的影响,以避免该指标虚增可能带来的信息误导。稀释每股收益是以基本每股收益为基础,假设企业所有发行在外的稀释性潜在普通股均已转换为普通股,从而分别调整归属于普通股股东的当期净利润以及发行在外普通股的加权平均数计算而得的每股收益。计算稀释每股收益时只考虑稀释性潜在普通股的影响,而不考虑不具有稀释性的潜在普通股。

第三节　利润表的编制实务

【例3.1】 资料承例2.1,中华有限责任公司损益类科目2010年度累计发生净额见表3.3。

表3.3 损益类科目累计发生净额汇总表

2010年度　　单位:元

科目名称	借方发生额	贷方发生额
主营业务收入		2 200 000
主营业务成本	1 300 000	
营业税金及附加	8 750	
销售费用	20 000	
管理费用	188 500	
财务费用	83 000	
资产减值损失	1 755	
投资收益		31 500
营业外收入		150 000
营业外支出	21 000	
所得税费用	189 623.75	

根据上述资料,编制中华有限责任公司2010年12月利润表,见表3.4。

表3.4 利润表

会企02表

编制单位:中华有限责任公司　　2010年12月　　单位:元

项　目	本期金额	上期金额(略)
一、营业收入	2 200 000	
减:营业成本	1 300 000	
营业税金及附加	8 750	
销售费用	20 000	
管理费用	188 500	
财务费用	83 000	
资产减值损失	1 755	
加:公允价值变动收益(损失以"-"号填列)		
投资收益(损失以"-"号填列)	31 500	

续表 3.4

会企 02 表

编制单位:中华有限责任公司　　　　2010 年 12 月　　　　单位:元

项　　目	本期金额	上期金额(略)
其中:对联营企业和合营企业的投资收益		
二、营业利润(亏损以"-"号填列)	629 495	
加:营业外收入	150 000	
减:营业外支出	21 000	
其中:非流动资产处置损失		
三、利润总额(亏损总额以"-"号填列)	758 495	
减:所得税费用	189 623.75	
四、净利润(净亏损以"-"号填列)	568 871.25	
五、每股收益:		
(一)基本每股收益		
(二)稀释每股收益		

本章小结

1. 利润表是反映企业在一定会计期间的经营成果的报表,反映了企业在过去的一段时间内所实现的收入、成本费用和最终利润情况,体现了企业本期经营活动成效情况,是一张动态的财务报表。

2. 目前,世界上比较普遍采用的利润表格式主要有单步式和多步式两种。我国采用多步式利润表。

3. 单步式利润表是将所有收入和所有费用分别加以汇总,用收入合计减去费用合计从而得出本期利润。单步式利润表编制方式简单,收入、费用归类清楚,但缺点是收入、费用的性质不加区分,硬性归为一类,不利于报表分析。

4. 多步式利润是将利润表的内容进行适当的分类,把利润的计算分成若干步骤,并揭示多步骤之间的关系,从而可以提供有关形成最终税后利润的中间性信息。由于净利润要经过若干个步骤求得,所以称为多步式利润表。

5. 我国利润表的编制是根据有关收入和费用账户的发生额,采用一定的格式进行的。根据企业会计准则规定,利润表的编制是建立在以下几个公式的基础上的:

营业利润=营业收入-营业成本-营业税金及附加-管理费用-销售费用-

财务费用-资产减值损失+公允价值变动损益+投资收益

利润总额=营业利润+营业外收入-营业外支出

净利润=利润总额-所得税费用

6."上期金额"栏内的各项数字,应根据上年该期利润表的"本期金额"栏内所列数字填列。如果上年该期利润表规定的各个项目的名称和内容同本期不一致,应对上年该期利润表各项目的名称和数字按本期的规定进行调整,填入利润表"上期金额"栏内。

7."本期金额"栏内各项目,除了"基本每股收益"和"稀释每股收益"、"营业利润"、"利润总额"、"净利润"项目外,主要根据各损益类账户的发生额分析填列。

思考题

1.利润表中各项目的年末数如何填列?

2.某公司损益类科目2010年度累计发生净额见下表。

损益类科目累计发生净额汇总表

2010年度

单位:元

科目名称	借方发生额	贷方发生额
主营业务收入		1 250 000
主营业务成本	750 000	
营业税金及附加	2 000	
销售费用	20 000	
管理费用	157 100	
财务费用	41 500	
资产减值损失	30 900	
投资收益		31 500
营业外收入		50 000
营业外支出	19 700	
所得税费用	77 575	

根据以上资料编制该公司2010年12月利润表。

3.天兴股份有限公司为增值税一般纳税人,销售的产品均为应纳增值税,增值税税率为17%,产品销售价格中不含增值税税额。产品销售成本按经济业务逐笔结转。所得税税率25%。天兴股份有限公司2010年度发生如下经济业务:

(1)向甲公司销售甲产品一批,销售价格100万元,产品成本60万。产品已发出,并开出增值税专用发票,已向银行办妥托收手续。

(2)根据债务人的财务状况,对应收账款计提5万元坏账准备。

(3)采用预收款方式销售商品,当年收到第一笔款项10万元,存入银行。

(4)向乙公司销售原材料一批,该批原材料实际成本8万元,增值税发票注明10万元,增值税为1.7万元。原材料已发出,货款和增值税已收到并存入银行。

(5)用银行存款支付本年度广告费用8万元,管理费用10万元,计提已完工工程项目长期借款利息2万元。

(6)年末公司持有的交易性金融资产账面价值为30万元,公允价值为31万元。

要求:

(1)编制该公司有关经济业务的会计分录;

(2)计算应交所得税(不考虑纳税调整事项);

(3)编制该公司2010年度利润表。

【案例分析】

背景材料:HN棉麻总公司(下称棉麻公司),属国有商品流通企业,主要从事棉花经营。根据群众举报,2002年7月财政部门派出检查组,对该公司会计信息质量进行了检查。检查发现,该公司财务管理混乱,隐瞒转移收入,资产权益缩水,会计信息严重失真。

一、违纪事实

(一)隐瞒、少计利润4 587.07万元

(1)将1999年收回的坏账准备金396.34万元在"应收账款—直属公司"科目长期挂账,未纳入损益,少计利润396.34万元。

(2)将1996年投资分红款65万元,直接用于基建工程,未纳入损益,少计利润65万元。

(3)委托代管资金账户利息收入3 028.58万元,国库券投资收益110.15万元,分公司上缴的房产交易净收入313.53万元,合计3 452.26万元。将上述款项直接用于支付罚款78万元、购房款410万元、棉花交易市场购棉花款264.26万元,转入基建账户2 700万元,坐支收入、隐瞒利润3 452.26万元。

(4)将供销合作总社下拨的棉花升值返还款492.80万元,企业大修理基金结余180.67万元,全部转入基建账户,少计利润673.47万元。

(二)少计所有者权益1 591.35万元

(1)少计资本公积915.84万元。将财政部门拨入的奖励金474.51万元、网点建设资金441.33万元,先挂"其他应收款"科目,后全部转入基建账户,少计资本公积915.84万元。

(2)少计实收资本543.50万元。

(3)将已撤销的3个所属分公司的税后利润132.01万元,在"应付账款"长期挂账,少计所有者权益132.01万元。

（三）隐瞒长期投资2 100万元

2001年6月投资1 600万元注册成立HN银华综合开发有限公司，通过“其他应收款”科目核算；2001年4月投资500万元，在上海浦东注册成立“上海HZ棉织品实业有限公司”，未在法定账簿反映。

（四）会计核算违规

（1）基建投资核算不规范。截止2002年6月，该公司在“其他应收款”科目中列支老办公楼改造工程720.67万元和基建项目“银华大厦”工程款14 870万元，合计15 590.67万元，未通过“在建工程”核算。

（2）不按规定核算财政补贴资金。如将自筹基建资金垫付农发行贷款利息，将收到的中央财政利息费用补贴2 079万元通过“其他应付款”核算，直接用于基建工程等等。

二、违纪手段

（1）大量使用往来账户进行资金的划转、截留或挪用。如该公司于1994年6月~2001年9月在某银行开设委托代管资金账户，该账户资金均由往来账户转入。一是将1994年以来的滚动结余2 000万元，通过往来账转入；二是借某市棉麻公司之名，以预付1994年棉花款为由，将4 000万元资金转入；三是短期棉花资金转入转出4 600万元，2001年9月账户清算时，该账户的各种应计收入3 452.26万元，被公司全部坐支。

（2）制定不切实际的内部考核办法，随意侵占国储棉储备库利益，截留挪用费用补贴。1996~2002年3月，将国家拨入的储备棉贷款利息、费用补贴款中的一部分转作该公司营业外收入；1996~1997年将收到的中央财政利息费用补贴，直接用于基建工程。

（3）通过投资，成立股份公司或独资公司，转移、隐瞒收益或资金，逃避监督。如2001年6月该公司投资1 600万元，注册成立HN银华综合开发有限公司，未在“长期投资”科目反映；2001年4月和5月两次拨款500万元，在上海浦东注册成立“上海HZ棉织品实业有限公司”，注册资金来源是长期挂账的应计利润；将投资控股企业HN省棉麻企业股份有限公司1996年的分红款，直接用于基建工程等。

三、处理结果

棉麻公司存在的上述问题，引起财政部门的高度重视。根据《会计法》、财政部《关于财政部门追究扰乱财经秩序违法违纪人员责任若干具体问题的通知》等有关规定，财政部门对棉麻公司存在的问题做出了如下处理：

责令该公司将通过“其他应收款”科目核算的15 590.67万元基建款，纳入“在建工程”科目核算；将少计利润4 587.07万元、所有者权益1 591.35万元、长期投资2 100万元，相应调增“以前年度损益调整”、“所有者权益”和“长期投资”；对委托代管资金账户滋生的利息收入3 028.58万元，就地补缴营业税、城建税和教育费附加166.57万元，少计的利润在扣除上缴和补缴的各种税款并弥补1998~2001年亏损3 902.55万元后，调增应纳税所得额647万元，就地补缴企业所得税213.51万元。

针对棉麻公司未按会计制度规定进行会计核算和管理，导致会计信息严重失真的问题，对该公司做出罚款5万元的行政处罚，并会同供销合作总社予以通报批评。同时，对有关领导和直接责任人，建议追究其党纪政纪责任。

问题：

1. 棉麻公司所涉及的会计事项，在当期应如何处理？
2. 棉麻公司少计利润如何影响所有者权益？
3. 企业隐瞒利润的主要目的有哪些？

第四章

Chapter 4

现金流量表的编制

【学习要点及目标】

通过本章的学习，使学生理解现金流量表的内容和分类，了解现金流量表的格式，理解现金流量表的编制基础和要求，熟悉现金流量表的编制方法，掌握现金流量表各项目的填列原理及方法。

【引导案例】

众所周知的银广夏造价案件，在1998~2001年期间，累计虚构收入104 962.6万元，少计费用4 945.34万元，导致虚增利润77 156.7万元，打造出大蓝筹股的形象，让众多投资者掉进陷阱。其目的意欲何为呢？“圈钱”。银广夏先后三次配股，“圈”走5.74亿资金，又从各地贷款15亿多。可见，在虚假的利润掩盖下，骗取资金才是其根本目的。因此，对企业现金流入流出情况的分析得到越来越多的关注。现金流量表从收付实现制的角度带给你一个全新的视角。

第一节　现金流量表的内容及格式

一、现金流量表的内容

（一）现金流量表的概念

现金流量表是反映企业在一定会计期间的现金和现金等价物流入和流出情况的报表，是一张动态报表。

现金流量是指一定会计期间内企业现金和现金等价物的流入和流出。现金及现金等价物是现金流量表的编制基础。

1. 现金

现金是指企业库存现金以及可以随时用于支付的存款,不能随时用于支取的存款不属于现金。

(1)库存现金。库存现金是指企业持有可随时用于支付的现金,与“现金”科目的核算内容一致。

(2)银行存款。银行存款是指企业存入金融机构,可以随时用于支取的存款,与“银行存款”科目核算内容基本一致,但不包括不能随时用于支付的存款。例如,不能随时支取的定期存款等不应作为现金;提前通知金融机构便可支取的定期存款则应包括在现金范围内。

(3)其他货币资金。其他货币资金是指存放在金融机构的外埠存款、银行存款、银行本票存款、信用卡存款、信用保证金存款和存出投资款等,与“其他货币资金”科目核算内容一致。

2. 现金等价物

现金等价物是指企业持有的期限短、流动性强、易于转换为已知金额现金、价值变动风险很小的投资。期限短一般是指从购买日起三个月内到期。现金等价物通常包括在证券市场上流通的三个月内到期的短期债券等。例如,可在证券市场上流通的三个月内到期的短期债券,权益性投资变现的金额通常不确定,因而不属于现金等价物。

现金等价物虽然不是现金,但其支付能力与现金的差别不大,可视为现金。例如,企业为保证支付能力,手持必要的现金,为了不使现金闲置,可以购买短期债券,在需要现金时,随时可以变现。

企业从银行提取现金,用现金购买短期到期的国库券等现金和现金等价物之间的转换不属于现金流量。

(二)现金流量的分类

现金流量分为三类,即经营活动产生的现金流量、投资活动产生的现金流量和筹资活动产生的现金流量。

1. 经营活动产生的现金流量

经营活动是指企业投资和筹资活动以外的所有交易和事项,包括销售商品或提供劳务、购买商品或接受劳务、收到返还的税费、经营性租赁、支付职工薪酬、支付广告费用、缴纳各项税费等。与经营活动相关的现金流量就是经营活动产生的现金流量。

2. 投资活动产生的现金流量

投资活动是指企业非流动资产的购建和不包括在现金等价物范围内的投资及其处置活动。现金流量表中的“投资”既包括对外投资,又包括长期资产的购建与处置。长期资产是指固定资产、在建工程、无形资产和其他长期资产等持有期限在 1 年或超过 1 年的一个营业周期以上的资产。与投资活动相关的现金流量就是投资活动产生的现金流量。

3. 筹资活动产生的现金流量

筹资活动是指导致企业资本及债务规模和构成发生变化的活动，包括发行股票、接受投入资本、分派现金股利、取得和偿还银行借款、发行和偿还公司债券等。与筹资活动相关的现金流量就是筹资活动产生的现金流量。

（三）现金流量表的作用

1. 有助于评价企业支付能力

企业的支付能力最终体现为现金的支付能力。因此，企业现金流量的状况将直接影响企业的偿债能力以及周转能力。而资产负债表和利润表是以权责发生制为基础对企业的财务状况和经营成果进行的反映，良好的盈利状况并不一定代表企业有充足的现金流。而企业的运转最终依靠的是企业的现金。

2. 有助于对企业整体财务状况做出客观评价

在市场经济条件下，竞争异常激烈，企业要想站稳脚跟，不但要想方设法把自身的产品销售出去，更重要的是要及时地收回销货款，以便以后的经营活动能顺利开展。除了经营活动以外，企业所从事的投资和筹资活动同样影响着现金流量，从而影响财务状况。如果企业进行投资，而没能取得相应的现金回报，就会对企业的财务状况（比如流动性、偿债能力）产生不良影响。从企业的现金流量情况，可以判断企业经营周转情况是否正常。

3. 可以预测企业未来的发展情况

如果现金流量表中各部分现金流量结构合理，现金流入流出无重大异常波动，一般来说企业的财务状况基本良好。另一方面，企业最常见的失败原因、症结也可在现金流量表中得到反映，比如，从投资活动流出的现金、筹资活动流入的现金和筹资活动流出的现金（主要是利息支出）中，可以分析企业是否过度扩大经营规模；通过比较当期净利润与当期净现金流量，可以看出非现金流动资产吸收利润的情况，评价企业产生净现金流量的能力是否偏低，以便于财务报表使用者能够了解和评价企业获取现金和现金等价物的能力，并据以预测企业未来现金流量。

二、现金流量表的格式

我国企业现金流量表采用报告式结构，分类反映经营活动产生的现金流量、投资活动产生的现金流量和筹资活动产生的现金流量，最后汇总反映企业某一期间现金及现金等价物的净增加额。我国企业现金流量表包括正表和补充资料两部分。一般企业现金流量表的格式见表4.1与表4.2。

表 4.1 现金流量表

会企 03 表

编制单位: 年度 单位:元

项 目	本期金额	上期金额
一、经营活动产生的现金流量:		
销售商品、提供劳务收到的现金		
收到的税费返还		
收到其他与经营活动有关的现金		
经营活动现金流入小计		
购买商品、接受劳务支付的现金		
支付给职工以及为职工支付的现金		
支付的各项税费		
支付其他与经营活动有关的现金		
经营活动现金流出小计		
经营活动产生的现金流量净额		
二、投资活动产生的现金流量:		
收回投资收到的现金		
取得投资收益收到的现金		
处置固定资产、无形资产和其他长期资产收回的现金净额		
处置子公司及其他营业单位收到的现金净额		
收到其他与投资活动有关的现金		
投资活动现金流入小计		
购建固定资产、无形资产和其他长期资产支付的现金		
投资支付的现金		
取得子公司及其他营业单位支付的现金净额		
支付其他与投资活动有关的现金		
投资活动现金流出小计		
投资活动产生的现金流量净额		
三、筹资活动产生的现金流量:		

续表 4.1

会企 03 表

编制单位：　　　　　　　　　年度　　　　　　　　　单位：元

项　　目	本期金额	上期金额
吸收投资收到的现金		
取得借款收到的现金		
收到其他与筹资活动有关的现金		
筹资活动现金流入小计		
偿还债务支付的现金		
分配股利、利润或偿付利息支付的现金		
支付其他与筹资活动有关的现金		
筹资活动现金流出小计		
筹资活动产生的现金流量净额		
四、汇率变动对现金的影响		
五、现金及现金等价物净增加额		
加：期初现金及现金等价物余额		
六、期末现金及现金等价物余额		

表 4.2　现金流量补充资料

补　充　资　料	本年金额	上年金额
1. 将净利润调节为经营活动现金流量：		
净利润		
加：资产减值准备		
固定资产折旧、油气资产折耗、生产性生物资产折旧		
无形资产摊销		
长期待摊费用摊销		
处置固定资产、无形资产和其他长期资产的损失（收益以“-”号填列）		
固定资产报废损失（收益以“-”号填列）		

续表 4.2

补 充 资 料	本年金额	上年金额
公允价值变动损失(收益以"-"号填列)		
财务费用(收益以"-"号填列)		
投资损失(收益以"-"号填列)		
递延所得税资产减少(增加以"-"号填列)		
递延所得税负债增加(减少以"-"号填列)		
存货的减少(增加以"-"号填列)		
经营性应收项目的减少(增加以"-"号填列)		
经营性应付项目的增加(减少以"-"号填列)		
其他		
经营活动产生的现金流量净额		
2. 不涉及现金收支的重大投资和筹资活动:		
债务转为资本		
1 年内到期的可转换公司债券		
融资租入固定资产		
3. 现金及现金等价物净变动情况:		
现金的期末余额		
减:现金的期初余额		
加:现金等价物的期末余额		
减:现金等价物的期初余额		
现金及现金等价物净增加额		

(一)现金流量表正表

企业一定会计期间现金流量的信息主要由正表提供。正表采用报告式的结构,按照现金流量的性质,依次分类反映经营活动产生的现金流量、投资活动产生的现金流量和筹资活动产生的现金流量,最后汇总反映企业现金及现金等价物净增加额。在有外币现金流量及境外子公司的现金流量折算为人民币的企业,正表中还应单设"汇率变动对现金的影响"项目,以反映企业外币现金流量及境外子公司的现金流量折算为人民币时,所采用的现金流量发生日的即期汇率或按照系统合理的方法确定的、与现金流量发生日即期汇率近似汇率折算的人民币金额与“现金及现金等价物净增加额”中的外币现金净增加额按期末汇率折算的人民币金额之间的差额。

（二）现金流量表补充资料

现金流量表补充资料包括三部分内容：

(1)将净利润调节为经营活动的现金流量(即按间接法编制的经营活动现金流量)。

(2)不涉及现金收支的重大投资和筹资活动。

(3)现金及现金等价物净变动情况。

第二节 现金流量表的编制方法

一、现金流量表的编制概要

（一）现金流量表的编制依据

现金流量表是依据收付实现制来反映企业报告期内经营、投资和筹资活动所引发的现金流动信息。而企业将经济信息转化为会计信息到会计信息的汇总和分类等核算都是以权责发生制为基础的。因此现金流量表的编制依据必定是企业日常会计核算所产生的资产负债表、利润表以及有关账户资料。而编制现金流量表的过程实质上是将权责发生制下的会计信息转换为收付实现制下的现金流动信息。一般情况下，认为编制现金流量表较难，实际上就是因为没有直接可用的收付实现制下的资料，需要一个转化过程。

（二）现金流量表的编制思路

编制现金流量表时，可以根据企业的规模以及核算条件，选择适当的编制思路。一种编制思路是直接从企业会计记录中直接获取有关现金收入和支出的信息。这种思路一般适于规模和业务量较小的企业以及核算时将现金收入和支出直接按经营、投资和筹资活动进行分类的企业。另一种思路是以利润表的营业收入为起点，按其项目的顺序，通过调整有关资产负债表项目，将企业的生产经营活动重新分类为经营活动、投资活动和筹资活动，并将其中涉及的现金及现金等价物分离出来。

（三）现金流量表的编制要求

1. 分类填报

现金流量表应根据经营活动、投资活动和筹资活动分别列报企业的现金流量。

2. 按总额列报

现金流量表应当分别按现金流入总额和现金流出总额列报，从而全面揭示企业现金流量的方向、规模和结构。但对于那些代客户收取或支付的现金，周转快，余额大，期限短的项目的现金收入和支出等应当以净额列示。

3. 特殊项目现金流量的归类

自然灾害损失、保险赔款、捐赠等，应当根据性质，分别归并到经营活动、投资活动和筹资活动产生的现金流量类别中，并单独列报。例如，对于自然灾害损失和保险赔款，如果能够确指属于流动资产损失，应当列入经营活动产生的现金流量；属于固定资产损失，应当列入投资活动产生的现金流量。

4. 折算汇率的选择

外币现金流量以及境外子公司的现金流量，应当采用现金流量发生日的即期汇率或按照系统合理的方法确定的，与现金流量发生日即期汇率近似的汇率折算。

二、现金流量表的编制方法

（一）直接法和间接法

编制现金流量表时，列报经营活动现金流量的方法有两种，一是直接法，二是间接法。在直接法下，一般是以利润表中的营业收入为起算点，调节与经营活动有关项目的增减变动，然后计算出经营活动产生的现金流量。在间接法下，以净利润为起点，调整不涉及现金的净利润项目以及不涉及经营活动的净利润项目，据此计算经营活动产生的现金流量净额。

采用直接法编报的现金流量表，便于分析企业经营活动产生的现金流量的来源和用途，预测企业现金流量的未来前景；采用间接法编报现金流量表，便于将净利润与经营活动产生的现金流量净额进行比较，了解净利润与经营活动产生的现金流量差异的原因，从现金流量的角度分析净利润的质量。所以，我国企业会计准则规定企业应当采用直接法编报现金流量表，同时要求在补充资料中提供以净利润为基础调节到经营活动现金流量的信息。

（二）工作底稿法、T 型账户法和分析填列法

在具体编制现金流量表时，可以采用工作底稿法或 T 型账户法，也可以根据有关科目记录分析填列。

1. 工作底稿法

采用工作底稿法编制现金流量表，是以工作底稿为手段，以资产负债表和利润表数据为基础，对每一项目进行分析并编制调整分录，从而编制现金流量表。工作底稿法的程序是：

第一步，建立现金流量表工作底稿。

工作底稿纵向分成三段：第一段是资产负债表项目；第二段是利润表项目；第三段是现金流量表项目。工作底稿横向分为四栏，第一栏是项目栏，填列资产负债表、利润表和现金流量表各项目名称；第二栏是期初数，填列资产负债表项目的期初数，利润表和现金流量表各项目期初数不填；第三栏是调整分录的借方栏和贷方栏，此栏根据编制的调整分录来填列；第四栏是期末数，填列资产负债表项目、利润表和现金流量表各项目期末数，资产负债表的期末数根据当年的资产负债表的期末数过入，利润表和现金流量表项目的期末数由调整分录的借方数

和贷方数计算求得。

第二步,过账。

过账是将资产负债表中各项目的期初数和期末数过入工作底稿的期初数栏和期末数栏。利润表和现金流量表各项目无需过账。

第三步,编制调整分录。

工作底稿法最核心的内容就是编制调整分录。编制调整分录的正确与否,直接影响现金流量表的正确性。编制调整分录时,要以利润表项目为基础,从“营业收入”开始,结合资产负债表项目逐一进行分析。在调整分录中,有关现金和现金等价物的事项,并不直接借记或贷记现金,而是分别计入“经营活动产生的现金流量”、“投资活动产生的现金流量”、“筹资活动产生的现金流量”有关项目,借记表示现金流入,贷记表示现金流出。

第四步,将调整分录的数据过入工作底稿。

在将调整分录中有关数据过入工作底稿中,要登记调整分录号码。这样有利于在验证平衡出错时查找原因,还可对前面调整过的分录有一个清晰的了解。

第五步,对工作底稿进行试算平衡。

(1)调整分录的核对。

调整分录借方合计=调整分录贷方合计

(2)资产负债表各项目的核对。

资产类:期初数+调整分录借方数-调整分录贷方数=期末数

负债类:期初数+调整分录贷方数-调整分录借方数=期末数

(3)利润表各项目的核对。

收入类:调整分录贷方数-调整分录借方数=本期数

成本费用类:调整分录借方数-调整分录贷方数=本期数

(4)现金流量表各项目的核对。

现金流入类:调整分录借方数-调整分录贷方数=本期数

现金流出类:调整分录贷方数-调整分录借方数=本期数

工作底稿中计算出的期末数就是本期现金流量表对应各项目的金额。工作底稿的试算平衡有两种:一是横向平衡,目的是看资产负债表项目和利润表项目是否全部调整完毕,既不能多调,也不能少调;二是纵向平衡,即调整分录借贷合计平衡,目的是看调整分录自身计算有无错误。

第六步,编制现金流量表。

根据工作底稿中的现金流量表部分的期末数编制现金流量表。

2. T 型账户法

采用 T 型账户法编制现金流量表,是以 T 型账户为手段,以资产负债表和利润表数据为基础,对每一项目进行分析并编制调整分录,从而编制现金流量表。T 型账户法的程序是:

第一步，为所有的非现金项目（包括资产负债表项目和利润表项目）分别开设T形账户，并将各自的期末期初变动数过入各该账户。

第二步，开设一个大的“现金及现金等价物”T形账户，每边分为经营活动、投资活动和筹资活动三个部分，左边记现金流入，右边记现金流出。与其他账户一样，过入期末期初变动数。

第三步，以利润表项目为基础，结合资产负债表分析每一个非现金项目的增减变动，并据此编制调整分录。

第四步，将调整分录过入各T形账户，并进行核对，该账户借贷相抵后的余额与原先过入的期末期初变动数应当一致。

第五步，根据大的“现金及现金等价物”T形账户编制正式的现金流量表。

3. 分析填列法

分析填列法是直接根据资产负债表、利润表和有关会计科目明细账的记录，分析计算出现金流量表各项目的金额，并据以编制现金流量表的一种方法。

第三节　现金流量表各项目的编制

现金流量表的项目主要有：经营活动产生的现金流量、投资活动产生的现金流量、筹资活动产生的现金流量、汇率变动对现金及现金等价物的影响、现金及现金等价物净增加额、期末现金及现金等价物余额等项目。

一、现金流量表正表各项目的填列

（一）经营活动产生的现金流量有关项目的编制

1.“销售商品、提供劳务收到的现金”项目

本项目反映企业销售商品、提供劳务实际收到的现金（含销售收入和应向购买方收取的增值税额），包括本期销售商品、提供劳务收到的现金，以及前期销售商品和前期提供劳务本期收到的现金和本期预收的账款，减去本期销售本期退回的商品和前期销售本期退回的商品而支付的现金。企业销售材料和代购代销业务收到的现金，也在本项目反映。

该项目可根据“应收账款”、“应收票据”、“预收账款”、“营业收入”、“应交税费——应交增值税（销项税额）”、“库存现金”、“银行存款”等报表项目或账户资料分析填列。

根据利润表、资产负债表有关项目以及部分账户填列的计算公式为：

销售商品、提供劳务收到的现金＝营业收入＋应交税费（应交增值税——销项税额）－本期应收账款的增加额（应收账款期末数－应收账款期初数）－本期应收票据的增加额（应收票据期末数－应收票据期初数）＋本期预收款项的增加额（预收款项期末数－预收款项期初数）－销项税额中含有的视同销售的税额－因收到非现金资产抵偿债务或业务往来对冲而减少的应收账款和应收票据（增加的预收款项）＋因出售非流动资产而增加的应收账款和应收票据（减少的

预收款项)-当期计提的坏账准备-应收票据贴现产生的贴现息

上述公式首先将营业收入和应收的税款视为全部收到现金,再调整不涉及现金和非销售商品、提供劳务项目而引起的往来款项的变动额。需要注意的是公式中的应收账款金额来源于资产负债表,其不同于账户中的应收账款。前者为净值(包含坏账准备),后者为余额。

2.“收到的税费返还”项目

本项目反映企业本期收到返还的增值税、消费税、营业税、关税、所得税、教育费附加等各种税费。

该项目可根据“应交税费”、“营业外收入”、“库存现金”、“银行存款”等账户的发生额分析填列。

3.“收到的其他与经营活动有关的现金”项目

本项目反映企业除了上述各项目以外所收到的其他与经营活动有关的现金流入,如收到的押金、收到的罚款、流动资产损失中由个人赔偿的现金、收到的经营租赁的租金以及接受捐赠的现金等。若某项其他与经营活动有关的现金流入金额较大,应单独列示项目反映。

该项目可以根据“营业外收入”、“其他应收款”、“其他应付款”、“库存现金”、“银行存款”等账户的发生额分析填列。

4.“购买商品、接受劳务支付的现金”项目

本项目反映企业购买商品、接受劳务实际支付的现金,包括本期购入的材料和商品、接受劳务支付的现金(包括增值税进项税额),本期支付前期购入的商品、接受劳务的未付款项和本期的预付款项,扣除本期发生的购货退回而收到的现金。企业代购代销业务支付的现金,也在该项目反映。

该项目可根据“应付账款”、“应付票据”、“预付账款”、“营业成本”、“存货”、“应交税费—应交增值税(进项税额)”、“库存现金”、“银行存款”等报表项目或账户分析填列。

根据利润表、资产负债表有关项目以及部分账户资料填列的计算公式为:

购买商品、提供劳务支付的现金=营业成本+存货增加额(存货期末余额-存货期初余额)+应交税费(应交增值税—进项税额)-应付账款的增加额(应付账款期末余额-应付账款期初余额)-应付票据的增加额(应付票据期末余额-应付票据期初余额)+预付账款增加额(预付账款期末余额-预付账款期初余额)-当期列入营业成本中的非付现费(累计折旧、制造费用)-当期列入营业成本中的支付的职工薪酬-因股权投资、交换长期资产或接受捐赠等引起的存货及进项税额的增加(+减少)-因长期资产变动而引起的应付账款和应付票据的减少(+增加)

5.“支付给职工以及为职工支付的现金”项目

本项目反映企业本期实际支付给职工的工资、奖金、各种津贴和补贴等职工薪酬和为职工支付的其他费用而支付的现金。企业代扣代缴的职工个人所得税,也在本项目中反映。

该项目可根据“应付职工薪酬”(借方发生额)、“库存现金”、“银行存款”等账户的记录分析填列。

应说明的是，企业支付给离退休人员的各项费用（包括支付的统筹退休金以及未参加统筹的退休人员的费用），在“支付的其他与经营活动有关的现金”项目中反映；支付给在建工程人员的工资及其他费用，在“购建固定资产、无形资产和其他长期资产所支付的现金”项目反映，以上两项不包括在本项目中。企业为职工支付的养老、失业等社会保险基金、补充养老保险、住房公积金、支付给职工的住房困难补助，以及企业支付给职工或为职工支付的其他福利费用等，应按职工的工作性质和服务对象，分别在本项目和在“购建固定资产、无形资产和其他长期资产所支付的现金”项目中反映。

6.“支付的各项税费”项目

本项目反映企业本期发生并支付的税费，以及以前各期发生的在本期支付的税费和本期预交的各种税费，包括增值税、营业税、消费税、所得税、土地增值税、房产税、车船使用税、印花税、教育费附加、矿产资源补偿费等，但不包括计入固定资产价值的、实际支付的耕地占用税，也不包括本期退回的所得税、增值税；本期退回的所得税、增值税在“收到的税费返还”项目中反映。

该项目可根据“库存现金”、“银行存款”、“应交税费”、“管理费用”等账户的发生额分析填列。

7.“支付的其他与经营活动有关的现金”项目

本项目反映企业除上述各项目以外的其他与经营活动有关所支付的现金，如支付的办公费用、支付的经营租赁租金、支付的罚款、支付的业务招待费、支付的保险费、支付的销售费用等。若其他与经营活动有关的现金流出金额较大，应单独列示项目反映。

该项目可根据“库存现金”、“银行存款”、“管理费用”、“销售费用”、“营业外支出”、“其他应付款”、“其他应收款”等账户的发生额分析填列。

（二）投资活动产生的现金流量有关项目的编制

1.“收回投资所收到的现金”项目

本项目反映企业出售、转让或到期收回除现金等价物以外的交易性金融资产、持有至到期投资、可供出售金融资产、长期股权投资、投资性房地产而收到的现金，不包括债权性投资收回的利息、收回非现金资产，以及处置子公司及其他营业单位收到的现金净额。

该项目可根据“交易性金融资产”、“持有至到期投资”、“可供出售金融资产”、“长期股权投资”、“投资性房地产”、“库存现金”、“银行存款”等账户的发生额分析填列。

2.“取得投资收益收到的现金”项目

本项目反映企业除现金等价物以外的对其他企业的权益工具、债务工具和合营中的权益投资分回的现金股利和利息等，但不包括股票股利。

该项目可根据“投资收益”、“应收股利”、“应收利息”、“库存现金”、“银行存款”等账户的发生额分析填列。

3."处置固定资产、无形资产和其他长期资产收回的现金净额"项目

本项目反映企业出售或报废固定资产、无形资产和其他长期资产所收到的现金(包括因资产毁损收到的保险赔款),减去为处置这些资产而支付的有关费用后的净额,如所收回的现金净额为负数,则应在"支付的其他与投资活动有关的现金"项目中反映。

该项目可根据"固定资产清理"、"营业外收入"、"营业外支出"、"库存现金"、"银行存款"等账户的发生额分析填列。

4."处置子公司及其他营业单位收到的现金净额"项目

本项目反映企业处置子公司及其他营业单位所取得的现金,减去相关处置费用以及子公司及其他营业单位持有的现金和现金等价物后的净额。

该项目可以根据"长期股权投资"、"库存现金"、"银行存款"等账户的发生额分析填列。

5."收到其他与投资活动有关的现金"项目

本项目反映企业除了上述各项目以外,所收到的其他与投资活动有关的现金流入。比如,企业收回购买股票和债券时支付的已宣告但尚未领取的现金股利或已到付息期但尚未领取的债券利息。若其他与投资活动有关的现金流入金额较大,应单列项目反映。

该项目可根据"应收股利"、"应收利息"、"库存现金"、"银行存款"等账户的发生额分析填列。

6."购建固定资产、无形资产和其他长期资产所支付的现金"项目

本项目反映企业本期购买建造固定资产、取得无形资产和其他长期资产所支付的现金,以及支付的应由在建工程和无形资产负担的职工薪酬的现金支出。但是,本项目不包括为购建固定资产而发生的借款利息资本化的部分,以及融资租入固定资产支付的租赁费。企业支付的借款利息和融资租入固定资产支付的租赁费,在筹资活动产生的现金流量中反映。

该项目可根据"固定资产"、"在建工程"、"无形资产"、"库存现金"、"银行存款"等账户的发生额分析填列。

7."投资所支付的现金"项目

本项目反映企业取得除现金等价物以外的权益性投资和债务性投资所支付的现金,以及支付的佣金、手续费等交易费用。但是,企业购买股票或债券时,实际支付的价款中包含的已宣告发放而尚未领取的现金股利或已到付息期而尚未领取的债券利息,因为其性质属于垫支款项,因此,应在"支付其他与投资活动有关的现金"项目中反映;而企业收回这部分现金股利或债券利息时,不属于投资成本的收回,而是垫支款项的收回,所以应在"收到其他与投资活动有关的现金"项目中反映。

该项目可根据"交易性金融资产"、"持有至到期投资"、"长期股权投资"、"可供出售金融资产"、"库存现金"、"银行存款"等账户的发生额分析填列。

8."取得子公司及其他营业单位支付的现金净额"项目

本项目反映企业购买子公司及其他营业单位出价中以现金支付的部分,减去子公司及其

他营业单位持有的现金和现金等价物后的净额。

该项目可根据“长期股权投资”、“库存现金”、“银行存款”等账户的发生额分析填列。

9.“支付的其他与投资活动有关的现金”项目

本项目反映企业除上述各项目以外所支付的其他与投资活动有关的现金流出。若某项其他与投资活动有关的现金流出金额较大,应单列项目反映。

该项目可根据“应收利息”、“应收股利”、“库存现金”、“银行存款”等账户的发生额分析填列。

(三)筹资活动产生的现金流量有关项目的编制

1.“吸收投资所收到的现金”项目

本项目反映企业以发行股票、债券等方式筹集资金实际收到的款项,减去直接支付的佣金、咨询费、宣传费、手续费、印刷费等发行费用后的净额。

该项目可根据“股本(或实收资本)”、“资本公积”、“应付债券”、“库存现金”、“银行存款”等账户的发生额分析填列。

2.“取得借款所收到的现金”项目

本项目反映企业举借各种短期借款、长期借款所实际收到的现金。

该项目可根据“银行存款”、“短期借款”、“长期借款”等账户的发生额分析填列。

3.“收到的其他与筹资活动相关的现金”项目

本项目反映企业除上述各种项目外所收到的其他与筹资活动相关的现金流入。若某项其他与筹资活动有关的现金流入金额较大,应单独列项目反映。

该项目可根据“营业外收入”、“库存现金”、“银行存款”等账户的发生额分析填列。

4.“偿还债务支付的现金”项目

本项目反映企业偿还的借款本金和到期债券本金等所支付的现金。企业支付的借款利息和债券利息在“分配股利、利润或偿付利息所支付的现金”项目反映,不包括在本项目内。

该项目可根据“应付债券”、“短期借款”、“长期借款”、“银行存款”等账户的发生额分析填列。

5.“分配股利、利润或偿付利息所支付的现金”项目

本项目反映企业实际支付的现金股利、支付给其他投资单位的利润或用现金支付的借款利息、债券利息等。

该项目可根据“财务费用”、“应付股利”、“应付利息”、“应付债券”、“长期借款”、“银行存款”等账户的发生额分析填列。

6.“支付的其他与筹资活动有关的现金”项目

本项目反映企业除上述各项目外所支付的其他与筹资活动有关的现金支出,如支付融资租入固定资产的租赁费,以及发行债券、股票方式筹集资金时由企业直接支付的审计、咨询等费用。若某项其他与筹资活动有关的现金支出金额较大,应单独列项目反映。

该项目可根据“营业外支出”、“长期应付款”、“库存现金”、“银行存款”等账户的发生额分析填列。

（四）汇率变动对现金及现金等价物的影响

“汇率变动对现金的影响”项目，反映下列项目之间的差额：

（1）企业外币现金流量折算为记账本位币时，所采用的现金流量发生日的即期汇率或按照系统合理的方法确定的、与现金流量发生日即期汇率近似的汇率折算的金额（编制合并现金流量表时还包括折算境外子公司的现金流量，应当比照处理）。

（2）“现金及现金等价物净增加额”中外币现金净增加额按期末汇率折算的金额。在编制现金流量表时，可逐笔计算外币业务发生的汇率变动对现金的影响，也可不必逐笔计算，而采用简化的计算方法，即通过报表补充资料中的“现金及现金等价物净增加额”数额与正表中“经营活动产生的现金流量净额”、“投资活动产生的现金流量净额”、“筹资活动产生的现金流量净额”三项之和比较，其差额即为“汇率变动对现金及现金等价物的影响”项目的金额。

二、现金流量表补充资料各项目的填列

（一）将净利润调节为经营活动的现金流量

企业应当采用间接法在现金流量表附注中披露将净利润调节为经营活动现金流量的信息。

利润表反映的当期净利润是按权责发生制原则确认和计量的，而经营活动的现金流量净额是按收付实现制原则确认和计量的；而且当期净利润既包括经营净损益，又包括不属于经营活动的损益。因此，采用间接列报法将净利润调节为经营活动的现金流量净额时，主要需要调整四大类项目：一是实际没有支付现金的费用；二是实际没有收到现金的收益；三是不属于经营活动的损益；四是经营性应收应付项目的增减变动。具体为：

1. 资产减值准备

本项目反映企业本期计提的各项资产减值的数额。

该项目可直接根据“资产减值损失” 的借、贷方发生额分析填列，也可根据相关资产减值准备账户的发生额分析填列。

2. 固定资产折旧、油气资产折耗、生产性资产折旧

本项目反映企业本期累计计提的固定资产折旧、油气资产折耗、生产性资产折旧。

该项目可根据“累计折旧”、“累计折耗”、“生产性生物资产累计折旧”等账户的贷方发生额分析填列。

3. 无形资产摊销

本项目反映企业本期累计摊入成本费用的无形资产价值。

该项目可根据“累计摊销”账户的贷方发生额分析填列。

4. **长期待摊费用摊销**

本项目反映企业本期累计摊入成本费用的长期待摊费用。

该项目可根据“长期待摊费用”账户的贷方发生额分析填列。

5. **处置固定资产、无形资产和其他长期资产的损失**

如果处置固定资产、无形资产和其他长期资产产生收益，应从净利润中扣除；如果处置固定资产、无形资产和其他长期资产产生损失，应在调整净利润时加回。

该项目可根据“营业外收入”、“营业外支出”所属明细账户的记录分析填列，如为净收益，以“-”填列。

6. **固定资产报废损失**

本项目可根据“营业外收入”、“营业外支出”科目所属明细科目中固定资产盘亏或报废损失减去固定资产盘盈收益后的差额填列。为填列本项目，企业平时应在“营业外收入”和“营业外支出”科目下设置相应的明细账，并及时计算累计额，以便编制现金流量表时有据可查。

7. **公允价值变动损失**

本项目反映企业持有的交易性金融资产、交易性金融负债、采用公允价值模式计量的投资性房地产等公允价值形成的净损失。如为净收益以“-”填列。

该项目可根据“公允价值变动损益”账户所属有关明细账户的记录分析填列。

8. **财务费用**

本项目反映企业本期实际发生的应属于投资活动或筹资活动的财务费用。

该项目可根据“财务费用”明细账借方发生额分析填列，如为收益，以“-”填列。

9. **投资损失**

本期若为投资收益，调整时从净利润中扣除；若为投资损失，在净利润的基础上加回。

该项目根据利润表中“投资收益”项目的数字填列，如为投资收益，以“-”填列。

10. **递延所得税资产减少**

本项目反映企业资产负债表“递延所得税资产”项目的期初余额与期末余额的差额。

该项目可根据“递延所得税负债”账户发生额分析填列。如果为增加，以“-”填列。

11. **递延所得税负债增加**

本项目反映企业资产负债表“递延所得税负债”项目的期初余额与期末余额的差额。

该项目可根据“递延所得税负债”账户发生额分析填列。如果为减少，以“-”填列。

12. **存货的减少**

本项目反映企业资产负债表“存货”项目的期初与期末余额的差额。如果期末数大于期初数的差额，以“-”号填列。

13. **经营性应收项目的减少**

本项目反映企业本期经营性应收项目的期初余额与期末余额的差额。

该项目包括应收账款、应收票据、预付款项、长期应收款和其他应收款等经营性应收项目中与经营活动有关的部分，以及应收的增值税销项税额等。如果期末数大于期初数的差额，以“-”号填列。

14. 经营性应付项目的增加

本项目反映企业本期经营性应付项目的期初余额与期末余额的差额。该项目包括应付账款、应付票据、预收账款、应付职工薪酬、应交税费、其他应付款等经营性应付项目中与经营活动有关的部分，以及应付的增值税进项税额等。如果期末数小于期初数的差额，以“-”号填列。

（二）不涉及现金收支的投资和筹资活动

本项目反映企业一定会计期间影响资产、负债但不影响该期现金收支的所有重大投资和筹资活动的信息。目前，我国企业现金流量表补充资料中列示的不涉及现金收支的重大投资和筹资活动项目主要有以下几项：

（1）“债务转为资本”项目，反映企业本期转为资本的债务金额。

（2）“1 年内到期的可转换公司债券”项目，反映企业 1 年内到期的可转换公司债券的本息。

（3）“融资租入固定资产”项目，反映企业本期融资租入固定资产的最低租赁付款额扣除应分期计入利息费用的未确认融资费用后的净额。

（三）现金及现金等价物净变动情况

该项目反映企业一定会计期间现金及现金等价物的期末余额减去期初余额后的净增加额（或净减少额），是对现金流量表正表中“现金及现金等价物净增加额”项目的补充说明。该项目的金额应与现金流量表“现金及现金等价物净增加额”项目的金额核对相符。

【例 4.1】　资料承例 2.1 和例 3.1，中华有限责任公司其他相关资料如下：

1. 2010 年度资产负债表有关项目的明细资料

（1）本期收回交易性股票投资本金 15 000 元，同时收到投资收益 1 500 元。

（2）存货中生产成本、制造费用的组成：职工薪酬 484 500 元，折旧费 90 000 元，无形资产 50 000 元。

（3）本月计提固定资产折旧 120 000 元，其中生产车间计提 90 000 元，管理部门计提 30 000元。

（4）本期购买美洋公司 2% 的股权作为长期股权投资 100 000 元。实际支付购买价款 120 000元，其中包含已宣告发放但尚未领取的现金股利 20 000 元，该现金股利本期已收到。

（5）应交税费的组成：本期增值税进项税额 50 320 元（其中固定资产抵扣的增值税 16 320 元），增值税销项税额 374 000 元，已交增值税 150 000 元；已交城市维护建设税和教育费附加 8 750 元；应交企业所得税期末余额为 129 623.75 元，应交企业所得税期初余额为 0。

（6）本期计提职工工资 600 000 元，并在本期全部支付，其中支付在建工程人员工资

150 000元。应付职工薪酬的期初数中应付在建工程人员的部分为 0 元,应付职工薪酬的期末数中应付在建工程人员的部分为 21 000 元。

(7)应付利息均为长期借款利息。本期计提利息 123 000 元,其中应由在建工程负担的利息为 100 000 元,本期实际支付利息 30 000 元。

(8)本期购买的固定资产价款 97 680 元,增值税进项税额 16 320 元。

(9)本期购买工程物资 200 000 元,款项已支付。

(10)本期用现金偿还短期借款 200 000 元,偿还 1 年内到期的长期借款 200 000 元;借入长期借款 500 000 元。

2. 2010 年度利润表有关项目的明细资料

(1)销售费用的组成:支付广告费 20 000 元。

(2)管理费用的组成: 职工薪酬 28 500 元,无形资产摊销 50 000 元,长期待摊费用摊销 100 000 元,折旧费 30 000 元,支付其他费用 60 000 元。

(3)财务费用的组成:计提借款利息 23 000 元,支付应收票据贴现利息 60 000 元。

(4)资产减值损失的组成:计提坏账准备 1 755 元。

(5)投资收益的组成:收到现金股利 30 000 元,与本金一起收回的交易性股票投资收益 1 500元。

(6)营业外收入的组成:处置固定资产净收益 150 000 元(其所处置固定资产原价为 400 000元,累计折旧为 250 000 元,收到处置收入 400 000 元)。

(7)营业外支出的组成:报废固定资产净损失 21 000 元(其所报废固定资产原价为 150 000元,累计折旧 130 000 元,支付清理费用 2 500 元,收到残值收入 1 500 元)。

要求:根据以上资料,分析计算现金流量表各项目金额。

1. 现金流量表正表各项目计算

(1)销售商品、提供劳务收到的现金=营业收入+应交税费(应交增值税——销项税额)-(应收账款期末余额-应收账款期初余额)-(应收票据期末余额-应收票据期初余额)-当期计提的坏账准备-票据贴现的利息=2 200 000+374 000-(1 381 445-798 200)-(26 000-46 000)+(200 000-200 000)-1 755-60 000=1 949 000(元)

(2)购买商品、接受劳务支付的现金=营业成本+应交税费(应交增值税——进项税额)+(存货期末余额-存货期初余额)-(应付账款期末余额-应付账款期初余额)-(应付票据期末余额-应付票据期初余额)+(预付账款期末余额-预付账款期初余额)-当期列入生产成本、制造费用的职工薪酬-当期列入生产成本、制造费用的折旧费=1 300 000+34 000+(2 149 200-2 594 700)-(933 800-953 800)+(80 000-100 000)+(100 000-100 000)-484 500-90 000=354 000(元)

(3)支付给职工以及为职工支付的现金=600 000-150 000=450 000(元)

(4)支付的各项税费=当期所得税费用+营业税金及附加+应交税费(应交增值税——已

交税金）+（应交所得税期末余额——应交所得税期初余额）= 189 623.75+8 750+150 000-（129 623.75-0）= 218 750（元）

（5）支付其他与经营活动有关的现金 =（60 000+20 000）+20 000 = 100 000（元）

（6）收回投资收到的现金 = 16 000+500 = 16 500（元）

（7）取得投资收益所收到的现金 = 30 000（元）

（8）处置固定资产收回的现金净额 = 400 000+（1 500-2 500）= 399 000（元）

（9）收到其他与投资活动有关的现金 = 20 000（元）

（10）购建固定资产支付的现金 = 用现金购买的固定资产、工程物资+支付给在建工程人员的薪酬 = 114 000+200 000+150 000 = 464 000（元）

（11）投资支付的现金 = 购买长期股权投资所支付的价款-已宣告发放但尚未领取的现金股利 = 120 000-20 000 元 = 100 000（元）

（12）支付其他与投资活动有关的现金 = 20 000（元）

（13）取得借款所收到的现金 = 500 000（元）

（14）偿还债务支付的现金 = 200 000+200 000 = 400 000（元）

（15）偿还利息支付的现金 = 30 000（元）

2. 将净利润调节为经营活动现金流量各项目计算

（1）资产减值准备 = 1 755（元）

（2）固定资产折旧 = 90 000+30 000 = 120 000（元）

（3）无形资产摊销 = 35 000（元）

（4）长期待摊费用摊销 = 15 000（元）

（5）处置固定资产、无形资产和其他长期资产的损失（减：收益）= -150 000（元）

（6）固定资产报废损失 = 21 000（元）

（7）财务费用 = 23 000（元）

（8）投资损失（减：收益）= -31 500（元）

（9）存货的减少 = 2 594 700-2 149 200 = 445 500（元）

（10）经营性应收项目的减少 =（46 000-26 000）+[（798 200-（1 381 445+1 755）]+（10 000-10 000）+（5 000-5 000）= -565 000（元）

（11）经营性应付项目的增加 =（80 000-100 000）+（933 800-953 800）+[（264 000-180 000）-21 000]+[（415 247.75-111 944）+16 320] = 342 623.75（元）

第四节　现金流量表的编制实务

【例 4.2】　资料承例 2.1 和例 3.1，要求：采用工作底稿法编制中华有限责任公司 2010 年度现金流量表。

一、建立现金流量表工作底稿(见表4.3)

二、将资产负债表的两个时点数据过入工作底稿(见表4.3)

表4.3　现金流量表工作底稿

单位:元

项　目	期初数	抵销分录				期末数
		借方		贷方		
资产负债表项目						
货币资金	1 220 745	(13)	777 750			1 998 495
交易性金融资产	20 000			(14)	15 000	5 000
应收票据	46 000			(1)	20 000	26 000
应收账款	598 200	(1)	585 000	(7)	1 755	1 181 445
其他应收款	5 000					5 000
预付款项	100 000					100 000
应收股利		(15)	20 000	(15)	20 000	
存货	2 594 700			(2)	445 500	2 149 200
长期股权投资	250 000	(16)	100 000			350 000
固定资产	2 059 000	(9) (10) (17)	250 000 130 000 1 097 680	(9) (10) (18)	500 000 150 000 120 000	2 766 680
在建工程	730 000	(19)	271 000	(17)	1 000 000	1 000
工程物资	150 000	(20)	200 000			350 000
无形资产	540 000			(21)	35 000	505 000
长期待摊费用	200 000			(22)	15 000	185 000
短期借款	450 000	(23)	200 000			250 000
应付票据	100 000	(2)	20 000			80 000
应付账款	953 800	(2)	20 000			933 800
预收款项	200 000					200 000
应付职工薪酬	180 000	(24)	600 000	(19) (24)	171 000 513 000	264 000

续表 4.3

单位:元

项　目	期初数	抵销分录				期末数
		借方		贷方		
应交税费	111 944	(2) (17) (25)	34 000 16 320 218 750	(1) (3) (11)	374 000 8 750 189 623.75	415 247.75
应付利息	159 000	(26)	30 000	(6) (19)	23 000 100 000	252 000
应付股利				(27)	100 000	100 000
其他应付款	50 000					50 000
1 年内到期的非流动负债	200 000	(28)	200 000			
长期借款	901 000			(28)	500 000	1 401 000
实收资本(或股本)	5 020 000					5 020 000
资本公积						
盈余公积	185 685.15			(29)	56 887.13	242 572.28
未分配利润	202 215.85	(27) (29)	100 000 56 887.13	(12)	568 871.25	614 199.97
利润表项目						本期数
营业收入				(1)	2 200 000	2 200 000
营业成本		(2)	1 300 000			1 300 000
营业税金及附加		(3)	8 750			8 750
销售费用		(4)	20 000			20 000
管理费用		(5)	188 500			188 500
财务费用		(6)	83 000			83 000
资产减值损失		(7)	1 755			1 755
投资收益				(8)	31 500	31 500
营业外收入				(9)	150 000	150 000
营业外支出		(10)	21 000			21 000
所得税费用		(11)	189 623.75			189 623.75

续表 4.3

单位:元

项　目	期初数	抵销分录		期末数
		借方	贷方	
净利润		(12)　568 871.25		568 871.25
现金流量表项目				本期数
一、经营活动产生的现金流量				
销售商品、提供劳务收到的现金		(1)　2 009 000	(6)　60 000	1 949 000
收到的税费返还				
收到其他与经营活动有关的现金				-
经营活动现金流入小计				1 949 000
购买商品、接受劳务支付的现金		(18)　90 000 (24)　484 500	(2)　928 500	354 000
支付给职工以及为职工支付的现金			(24)　450 000	450 000
支付的各项税费			(25)　218 750	218 750
支付其他与经营活动有关的现金		(18)　30 000 (21)　35 000 (22)　15 000 (24)　28 500	(4)　20 000 (5)　188 500	100 000
经营活动现金流出小计				1 122 750
经营活动产生的现金流量净额				826 250
二、投资活动产生的现金流量				
收回投资收到的现金		(8)　1 500 (14)　15 000		16 500
取得投资收益收到的现金		(8)　30 000		30 000

续表 4.3

单位:元

项　目	期初数	抵销分录				期末数
		借方		贷方		
处置固定资产、无形资产和其他长期资产收回的现金净额		(9)	400 000	(10)	1 000	399 000
处置子公司及其他营业单位收到的现金净额						
收到其他与投资活动有关的现金		(15)	20 000			20 000
投资活动现金流入小计						465 500
购建固定资产、无形资产和其他长期资产支付的现金				(17) (20) (24)	114 000 200 000 150 000	464 000
投资支付的现金				(16)	100 000	100 000
取得子公司及其他营业单位支付的现金净额						
支付其他与投资活动有关的现金				(15)	20 000	20 000
投资活动现金流出小计						584 000
投资活动产生的现金流量净额						-118 500
三、筹资活动产生的现金流量						
吸收投资收到的现金						
取得借款收到的现金		(28)	500 000			500 000
收到其他与筹资活动有关的现金						
筹资活动现金流入小计						500 000

续表 4.3

单位:元

项　目	期初数	抵销分录		期末数
		借方	贷方	
偿还债务支付的现金			(23)　200 000 (28)　200 000	400 000
分配股利、利润或偿付利息支付的现金			(26)　30 000	30 000
支付其他与筹资活动有关的现金				
筹资活动现金流出小计				430 000
筹资活动产生的现金流量净额				70 000
四、汇率变动对现金的影响				
五、现金及现金等价物净增加额			(13)　777 750	777 750
加:期初现金及现金等价物余额				
六、期末现金及现金等价物余额		10 967 387.13	10 967 387.13	

三、编制调整分录

调整利润表和资产负债表项目:

1. 调整营业收入

由于利润表中的“营业收入”是按权责发生制确认的,与企业当期按收付实现制反映的“经营活动现金流量——销售商品、提供劳务收到的现金”之间必然存在差异。为此,在以“营业收入”为基础调整为“经营活动现金流量——销售商品、提供劳务收到的现金”时,应调整本期应收账款、应收票据、预收账款的增减变动金额。因为应收账款和应收票据的增加、预收账款的减少意味着本期营业收入增加,但并未增加现金,对其增加额应从“销售商品、提供劳务收到的现金”中减去;反之,对本期应收账款和应收票据的减少、预收账款的增加意味着虽未增加本期营业收入,但本期取得的现金增加了,应增加本期“经营活动现金流量——销售商品、提供劳务收到的现金”。调整分录如下:

借:经营活动产生的现金流量——销售商品、提供劳务收到的现金　　2 009 000

应收账款　　585 000
　贷:营业收入　　2 200 000
　　应收票据　　20 000
　　应交税费　　374 000

注意事项:

(1)"应收账款"数额来源于"应收账款"总账,为应收账款期末数与期初数的差额,坏账准备对现金的影响单独调整。"应收票据"和"预收账款"数额来源于"资产负债表"。

(2)若应收账款、应收票据的期末数减期初数为正数,在调整分录的借方;若差额为负数,在调整分录的贷方。

(3)"应收账款"、"应收票据"、"预收账款"项目,在调整资产负债表时不再调整。

(4)"应交税费"的金额为商品销售收入发生的增值税销项税额,根据"应交税费"明细账户的贷方发生额分析填列。

2. 调整营业成本

由于利润表中"营业成本"是按权责发生制确认的,它与当期发生的"经营活动产生的现金流量——购买商品、接受劳务支付的现金"的差异是由应付账款、应付票据、预付账款及存货的增减变动引起的。在假设当期存货均已付现的情况下,本期存货的增加意味着企业购买商品支付的现金增加;反之,意味着支付现金的减少。应付账款、应付票据的增加及预付账款的减少,意味着企业购买商品支付现金的减少;反之,意味着企业支付现金的增加。调整分录如下:

借:营业成本　　1 300 000
　应付账款　　20 000
　应付票据　　20 000
　应交税费　　34 000
　贷:经营活动产生的现金流量——购买商品、接受劳务支付的现金　　928 500
　　存货　　445 500

注意事项:

(1)"应付票据"和"应付账款"的数额是期末余额与期初余额的差额,来源于资产负债表。若期末数减期初数为正数,在调整分录的贷方;若为负数,在调整分录的借方。

(2)"预付账款"和"存货"的数额是期末余额与期初余额的差额,来源于资产负债表。

(3)"应付账款"、"应付票据"、"预付账款"和"存货"项目,调整资产负债表时不再调整。

(4)"应交税费"的金额为企业购买材料等列入"存货"的资产而发生的增值税进项税额,根据"应交税费"明细账户的借方发生额分析填列。

3. 调整营业税金与附加

借:营业税金及附加　　8 750

贷:应交税费　　8 750

4. 调整销售费用

借:销售费用　　20 000

贷:经营活动产生的现金流量——支付其他与经营活动有关的现金　　20 000

此笔分录先将“销售费用”金额转入“经营活动产生的现金流量——支付其他与经营活动有关的现金”,对于“销售费用”中包含的不涉及现金支出的项目,再分别在对应科目中进行调整。

5. 调整管理费用

借:管理费用　　188 500

贷:经营活动产生的现金流量——支付其他与经营活动有关的现金　　188 500

此笔分录先将“管理费用”金额转入“经营活动产生的现金流量——支付其他与经营活动有关的现金”,对于“管理费用”中包含的不涉及现金支出的项目,再分别在对应科目中进行调整。

6. 调整财务费用

编制现金流量表时,需对“财务费用”的内容进行分析,按发生的内容不同列入现金流量表的不同部分。例如,支付的利息费用,应计入“投资活动产生的现金流量——分配股利、利润或偿付利息支付的现金”项目中;收到的存款利息收入,应计入“经营活动产生的现金流量——收到其他与经营活动有关的现金”;收到的票据贴现息,应冲减“经营活动产生的现金流量——销售商品、接受劳务收到的现金”。

企业当期内实际发生的利息支出包括计入“财务费用”的利息支出、计入固定资产价值的利息支出。财务费用与企业当期实际支付利息费用的差异主要是由于短期借款的应计利息、长期借款的应计利息、应付债券的应计利息引起的。调整分录如下:

借:财务费用　　83 000

贷:经营活动产生的现金流量——销售商品、提供劳务收到的现金　　60 000

应付利息　　23 000

7. 调整资产减值损失

资产减值损失与坏账准备、存货跌价准备、固定资产减值准备等是对应的,将利润表中的“资产减值损失”数额分别与“坏账准备”、“存货跌价准备”、“固定资产减值准备”等项目进行对应。

借:资产减值损失　　1 755

贷:坏账准备　　1 755

8. 调整投资收益

投资收益由两部分组成,一部分是持有的权益性投资和债权性投资在投资期间分得的现金股利和利息,另一部分出售上述资产取得的收益或损失。调整本项目时,实际收到的现金股利、利润及利息计入“投资活动产生的现金流量——取得投资收益收到的现金”项目；出售持有的权益性投资和债权性投资取得的收益或损失计入“投资活动产生的现金流量——收回投资收到的现金”。

借：投资活动产生的现金流量——收回投资收到的现金　　1 500
　　投资活动产生的现金流量——取得投资收益收到的现金　　30 000
　贷：投资收益　　31 500

9. **调整营业外收入**

编制现金流量表时，需对“营业外收入”的内容进行分析，按发生的内容不同列入现金流量表的不同部分。例如，教育费附加返还款，应计入“经营活动产生的现金流量——收到的税费返还”项目中；处置固定资产、无形资产收入的现金净额列入“投资活动产生的现金流量——处置固定资产、无形资产和其他长期资产收回的现金净额”项目中。

借：投资活动产生的现金流量——处置固定资产、无形资产和
　　其他长期资产收回的现金净额　　400 000
　　累计折旧　　250 000
　贷：营业外收入　　150 000
　　　固定资产　　500 000

本调整分录的编制依据利润表中的“营业外收入”项目及“营业外收入”明细账、“固定资产”明细账、“累计折旧”明细账、“固定资产减值准备”明细账、“应交税费”明细账等。

10. **调整营业外支出**

编制现金流量表时，需对“营业外支出”的内容进行分析，列入现金流量表的不同部分。例如，现金捐赠支出应列入“筹资活动产生的现金流量——支付的其他与筹资活动有关的现金”项目；处置固定资产、无形资产的现金列入“投资活动产生的现金流量——处置固定资产、无形资产及其他资产收回的现金净额”项目。

借：营业外支出　　21 000
　　累计折旧　　130 000
　贷：固定资产　　150 000
　　　投资活动产生的现金流量——处置固定资产、无形资产和
　　　其他长期资产收回的现金净额　　1 000

本调整分录的编制依据是利润表中的“营业外支出”项目及“营业外支出”明细账、“固定资产”明细账、“累计折旧”明细账、“固定资产减值准备”明细账、“应交税费”明细账等。

11. **调整所得税费用**

所得税费用与应交税费是对应的，将利润表中的“所得税费用”数额调入“应交税费”项目。

借：所得税费用　　189 623.75

贷:应交税费 189 623.75

12. 结转净利润

将利润表中的净利润全部调入未分配利润,目的是为了试算平衡。

借:净利润 568 871.25

贷:未分配利润 568 871.25

调整未调整的资产负债表项目:

13. 调整货币资金

将资产负债表中“货币资金”的期末数与期初数的差额调入“现金及现金等价物净增加额”。

借:现金及现金等价物净增加额 777 750

贷:货币资金 777 750

14. 交易性金融资产

若“交易性金融资产”账户的借方反映增加交易性金融资产支付的现金,应增加“投资活动产生的现金流量——投资支付的现金”项目;若其账户的贷方反映收回数,应增加“投资活动产生的现金流量——收回投资收到的现金”项目。

借:投资活动产生的现金流量——收回投资收到的现金 15 000

贷:交易性金融资产 15 000

15. 调整应收股利

应收股利虽然没有余额,但要根据“应收股利”账户的本期借贷方发生额分析调整。在投资时支付的已宣告发放但尚未领取的现金股利,计入“投资活动产生的现金流量——支付的其他与投资活动有关的现金”项目;收到投资时支付的已宣告发放但尚未领取的现金股利,计入“投资活动产生的现金流量——收到的其他与投资活动有关的现金”项目;收到投资后被投资企业发放的现金股利,在“投资收益”项目调整,调整本项目时不考虑。

借:应收股利 20 000

贷:投资活动产生的现金流量——支付的其他与投资活动有关的现金 20 000

借:投资活动产生的现金流量——收到其他与投资活动有关的现金 20 000

贷:应收股利 20 000

16. 调整长期股权投资

长期股权投资的增加如果是由于企业进行投资引起的,应当增加“投资活动产生的现金流量——投资支付的现金”项目。分析调整时,根据“长期股权投资”的借、贷方发生额分析填列。

借:长期股权投资 100 000

贷:投资活动产生的现金流量——投资支付的现金 100 000

17. 调整固定资产

固定资产的调整,应根据"固定资产"账户的借、贷方发生额分析调整。固定资产贷方发生额主要反映固定资产的处置、报废而减少的固定资产原价,在调整营业外收入、营业外支出时已调整完毕,本调整分录只需调整固定资产的借方发生额。

固定资产的增加有不同的途径,如购入、接受捐赠、在建工程转入等。在编制现金流量表时,主要分析固定资产的借方发生额,将其中以现金购入的部分计入"投资活动产生的现金流量—购建固定资产、无形资产和其他长期资产支付的现金"项目中,不涉及现金的,调整实际发生时的对应会计科目。

借:固定资产　　1 097 680

　应交税费　　16 320

　贷:在建工程　　1 000 000

　　投资活动产生的现金流量——购建固定资产、无形资产和其他长期资产支付的现金　　114 000

"固定资产清理"账户一般期末已结平,在固定资产的处置、报废时编制的调整分录,不必涉及"固定资产清理"账户。

18. 调整累计折旧

累计折旧的调整,应根据该账户的借方发生额和贷方发生额分别分析调整。累计折旧借方发生额主要反映固定资产的处置、报废而减少的折旧金额,在调整营业外收入、营业外支出时已调整完毕,本项目不再调整,只需调整累计折旧的贷方发生额即可。

固定资产的折旧费用已经计入了成本费用,但并不减少企业的现金,在计算现金支出时应当减去,至于在哪个现金流量表项目中减去,应分析折旧费用具体计入哪些费用科目。例如,计提的折旧费用计入制造费用,制造费用已经转入生产成本,生产成本最终转入产品的销售成本,在调整"营业成本"项目时调整计入了"经营活动产生的现金流量——购买、接受劳务支付的现金"项目,因此,应按计入制造费用的累计折旧的数额减少"经营活动产生的现金流量——购买商品、接受劳务支付的现金"项目;如果计提的折旧费用计入管理费,则应减少"经营活动现金流量——支付的其他与经营活动有关的现金"项目的数额。

借:经营活动产生的现金流量——购买商品、接受劳务支付的现金　　90 000

　经营活动产生的现金流量——支付的其他与经营活动有关的现金　　30 000

　贷:固定资产　　120 000

19. 调整在建工程

调整在建工程,应当分析"在建工程"账户的借贷方发生额。在建工程的贷方发生额在调整固定资产时已经调整完毕,不再调整。企业为在建工程支付的现金应计入"投资活动产生的现金流量——购建固定资产、无形资产和其他长期资产支付的现金"项目中,但在建工程价款中包含的以现金支付的长期借款的利息支出,计入"筹资活动产生的现金流量——分配股利、利润或偿付利息支付的现金”中去，对不涉及现金收付的项目，直接计入实际发生时的会计科目。

借：在建工程　　271 000

　贷：应付利息　　100 000

　　应付职工薪酬　　171 000

20. 调整工程物资

一般情况下，工程物资的贷方在“在建工程”项目调整，本项目只调整借方发生额。

借：工程物资　　200 000

　贷：投资活动产生的现金流量——购建固定资产、无形资产和其他长期资产支付的现金　　200 000

21. 调整无形资产及累计摊销

调整无形资产，应当分析“无形资产”账户的借贷方发生额。无形资产的增加，主要是企业购入的无形资产发生的现金支出，应计入“投资活动产生的现金流量——购建固定资产、无形资产和其他长期资产支付的现金”项目。无形资产的减少，一是无形资产摊销，计入管理费用，应调减“经营活动产生的现金流量——支付的其他与经营活动有关的现金”项目；二是转让无形资产，转让净损益应当计入“投资活动现金流量——处置固定资产、无形资产和其他长期资产收回的现金净额”项目。

借：经营活动产生的现金流量——支付的其他与经营活动有关的现金　　35 000

　贷：无形资产　　35 000

22. 调整长期待摊费用

长期待摊费用的增加，使企业当期实际支付的现金多于确认的费用，在计算现金支出时应当加上；反之，在计算现金支出时应当减去，至于在哪个项目加上或减去，应当分析长期待摊费用具体计入哪些费用科目中去。例如，如果摊销的待摊费用计入制造费用，应当减少“经营活动产生的现金流量——购买商品、接受劳务支付的现金”项目；如果摊销的待摊费用计入管理费用，应当减少“经营活动产生的现金流量——支付的其他与经营活动有关的现金”项目。

借：经营活动产生的现金流量——支付的其他与经营活动有关的现金　　15 000

　贷：长期待摊费用　　15 000

23. 调整短期借款

“短期借款”的调整，需要分析该账户的借贷方发生额。借方发生额中归还的借款本金，计入“筹资活动现金流量——偿还债务支付的现金”项目；贷方发生额中增加的短期借款，计入“筹资活动现金流量——借款收到的现金”项目。

借：短期借款　　200 000

　贷：筹资活动产生的现金流量——偿还债务支付的现金　　200 000

24. 调整应付职工薪酬

“应付职工薪酬”的调整，需要分析该账户的借贷方发生额。“应付职工薪酬”的借方反映实际支付的职工薪酬，支付给在建工程人员的职工薪酬，计入“投资活动产生的现金流量——购建固定资产、无形资产和其他长期资产支付的现金”项目；支付给除在建工程人员以外的其他人员的职工薪酬，应计入“经营活动产生的现金流量——支付给职工以及为职工支付的现金”项目。

借：应付职工薪酬　　600 000

　贷：经营活动产生的现金流量——支付给职工以及为职工支付的现金　　450 000

　　投资活动产生的现金流量——购建固定资产、无形资产和其他长期资产支付的现金　　150 000

“应付职工薪酬”的贷方记录已计入“生产成本”、“制造费用”、“管理费用”等科目的职工薪酬，如果这些职工薪酬已在前面调整时作为现金支出，计入“经营活动产生的现金流量——购买商品、接受劳务支付的现金”项目和“经营活动产生的现金流量——支付的其他与经营活动有关的现金”项目。因此，在调整“应付职工薪酬”的贷方时，应调减相应的现金流量表项目。

借：经营活动产生的现金流量——购买商品、接受劳务支付的现金　　484 500

　经营活动产生的现金流量——支付的其他与经营活动有关的现金　　28 500

　贷：应付职工薪酬　　513 000

25. 调整应交税费

应交税金的调整，需要分析“应交税费”相关明细账户的借贷方发生额。企业购买的材料等列入“存货”的，实际支付给销售方的增值税进项税额，计入“经营活动产生的现金流量——购买商品、接受劳务支付的现金”项目，已在“营业成本”项目调整；企业购买的生产设备等列入“固定资产”的，实际支付给销售方的增值税进项税额，计入“购建固定资产、无形资产和其他长期资产支付的现金”项目，已在“固定资产”项目中调整；实际支付给税务机关的增值税、营业税、所得税、教育费附加等税金，计入“经营活动现金流量——支付的各项税费”项目。本例中，应交税费贷方由两部分组成，一部分是计提的应交税金，计入“营业税金及附加”和“管理费用”等科目；另一部分是商品销售收入发生的增值税销项税额。计入“营业税金及附加”的税金和增值税消项税额已分别在调整“营业税金及附加”、“营业收入”项目时调整完毕，不再调整。计处“管理费用”的税金已在前面调整时作为现金支出，计入“经营活动产生的现金流量——支付其他与经营活动有关的现金”项目，因此应调减相应的现金流量表项目。实际支付给税务机关的增值税 150 000 元，所得税 60 000 元，城建税 6 250 元及教育费附加 2 500 元。

借：应交税费　　218 750

　贷：经营活动产生的现金流量——支付的各项税费　　218 750

26. 调整应付利息

应付利息的调整，需要分析“应付利息”账户的借贷方发生额。“应付利息”账户的借方发生额是偿还的借款和债券利息，应计入“筹资活动产生的现金流量——分配股利、利润或偿付利息支付的现金”项目中；“应付利息”账户的贷方发生额是借款和债券计提的利息，尚未支付，已在调整“财务费用”和“固定资产”项目时调整完毕，不再调整。

借：应付利息　　30 000

　贷：筹资活动产生的现金流量——分配股利、利润或偿付利息支付的现金　　30 000

27. 调整应付股利

应付股利的调整，需要分析“应付股利”账户的借贷方发生额。“应付股利”账户的借方发生额是支付现金股利，应计入“投资活动产生的现金流量——支付其他与投资活动有关的现金”项目中；“应付股利”账户的贷方发生额是宣告发放的股利但尚未支付，与现金无关，该调整分录是为了进行试算平衡，金额为本期的实际提取数。

借：未分配利润　　100 000

　贷：应付股利　　100 000

28. 调整长期借款

编制调整分录时，应当分析“长期借款”账户的借方发生额。借方发生额中，归还的借款本金计入“筹资活动产生的现金流量——偿还债务所支付的现金”项目；贷方发生额中，增加的长期借款计入“筹资活动产生的现金流量——借款收到的现金”项目。

借：长期借款　　200 000

　贷：筹资活动产生的现金流量——偿还债务支付的现金　　200 000

注：此处调整的“长期借款”借方余额 20 000 元，应在工作底稿“1 年内到期的非流动负债”中填列。

借：筹资活动产生的现金流量——取得借款收到的现金　　500 000

　贷：长期借款　　500 000

29. 调整盈余公积

盈余公积从企业的税后净利润中提取，与现金无关，该调整分录是为了进行试算平衡，金额为本期的实际提取数。

借：未分配利润　　56 887.13

　贷：盈余公积　　56 887.13

四、将调整分录的数据过入工作底稿

五、对工作底稿进行试算平衡

对工作底稿的试算平衡，一是横向平衡，检查资产负债表部分过入的期末数与计算的期末数是否相等,检查计算得出的利润表本期数是否与企业当年利润表的本期数相等;二是纵向平衡,检查调整分录部分借方合计与贷方合计是否相等。经核对,工作底稿部分横向平衡,纵向调整分录借方合计和贷方合计相等,表明正确无误。

六、编制现金流量表

将核对无误的工作底稿中现金流量表项目的期末数过入现金流量正表的本期金额栏中,编制完成的现金流量正表见表4.4;根据利润表、资产负债表和账簿,编制现金流量表的补充资料见表4.5。

表4.4　现金流量表　　会企03表

编制单位:中华有限责任公司　　2010年度　　单位:元

项　　目	行次	本年金额	上年金额
一、经营活动产生的现金流量:	1		
销售商品、提供劳务收到的现金	2	1 949 000	
收到的税费返还	3		
收到其他与经营活动有关的现金	4		
经营活动现金流入小计	5	1 949 000	
购买商品、接受劳务支付的现金	6	354 000	
支付给职工以及为职工支付的现金	7	450 000	
支付的各项税费	8	218 750	
支付其他与经营活动有关的现金	9	100 000	
经营活动现金流出小计	10	1 122 750	
经营活动产生的现金流量净额	11	826 250	
二、投资活动产生的现金流量:	12		
收回投资收到的现金	13	16 500	
取得投资收益收到的现金	14	30 000	
处置固定资产、无形资产和其他长期资产收回的现金净额	15	399 000	
处置子公司及其他营业单位收到的现金净额	16		
收到其他与投资活动有关的现金	17	20 000	
投资活动现金流入小计	18	465 500	
购建固定资产、无形资产和其他长期资产支付的现金	19	464 000	

续表 4.4

会企 03 表

编制单位:中华有限责任公司　　2010 年度　　单位:元

项　　目	行次	本年金额	上年金额
投资支付的现金	20	100 000	
取得子公司及其他营业单位支付的现金净额	21		
支付其他与投资活动有关的现金	22	20 000	
投资活动现金流出小计	23	584 000	
投资活动产生的现金流量净额	24	−118 500	
三、筹资活动产生的现金流量:	25		
吸收投资收到的现金	26		
取得借款收到的现金	27	500 000	
收到其他与筹资活动有关的现金	28		
筹资活动现金流入小计	29	500 000	
偿还债务支付的现金	30	400 000	
分配股利、利润或偿付利息支付的现金	31	30 000	
支付其他与筹资活动有关的现金	32		
筹资活动现金流出小计	33	430 000	
筹资活动产生的现金流量净额	34	70 000	
四、汇率变动对现金的影响	35		
五、现金及现金等价物净增加额	36	777 750	
加:期初现金及现金等价物余额	37	1 220 745	
六、期末现金及现金等价物余额	38	1 998 495	

表 4.5　现金流量补充资料

补　充　资　料	行次	本年金额	上年金额(略)
1. 将净利润调节为经营活动现金流量:	39		
净利润	40	568 871.25	
加:资产减值准备	41	1 755	
固定资产折旧、油气资产折耗、生产性资产折旧	42	120 000	
无形资产摊销	43	35 000	
长期待摊费用摊销	44	15 000	

续表4.5

补　充　资　料	行次	本年金额	上年金额(略)
处置固定资产、无形资产和其他长期资产的损失(收益以"-"号填列)	47	-150 000	
固定资产报废损失(收益以"-"号填列)	48	21 000	
公允价值变动损失(收益以"-"号填列)	49		
财务费用(收益以"-"号填列)	50	23 000	
投资损失(收益以"-"号填列)	51	-31 500	
递延所得税资产减少(增加以"-"号填列)	52		
递延所得税负债增加(减少以"-"号填列)	53		
存货的减少(增加以"-"号填列)	54	445 500	
经营性应收项目的减少(增加以"-"号填列)	55	-565 000	
经营性应付项目的增加(减少以"-"号填列)	56	342 623.75	
其他	57		
经营活动产生的现金流量净额	58	826 250	
2.不涉及现金收支的重大投资和筹资活动:	59		
债务转为资本	60		
1年内到期的可转换公司债券	61		
融资租入固定资产	62		
3.现金及现金等价物净变动情况:	63		
现金的期末余额	64	1 998 495	
减:现金的期初余额	65	1 220 745	
加:现金等价物的期末余额	66		
减:现金等价物的期初余额	67		
现金及现金等价物净增加额	68	777 750	

本章小结

1.现金流量表是反映企业在一定会计期间的现金和现金等价物流入和流出情况的报表,是一张动态报表。

2.现金流量表将企业现金流量分为三类,即经营活动产生的现金流量、投资活动产生的现金流量和筹资活动产生的现金流量。

3. 我国企业现金流量表采用报告式结构，分类反映经营活动产生的现金流量、投资活动产生的现金流量和筹资活动产生的现金流量，最后汇总反映企业某一期间现金及现金等价物的净增加额。我国企业现金流量表包括正表和补充资料两部分。

4. 现金流量表的编制基础是现金及现金等价物，按照收付实现制原则编制，将权责发生制下的盈利信息调整为收付实现制下的现金流量信息。

5. 现金流量表编制要求，主要包括分类填报、总额列报、特殊项目现金流量的归类和折算汇率的选择等。

6. 现金流量表的编制方法主要有工作底稿法、T 型账户法和分析填列法，其中列报经营活动现金流量有直接法和间接法两种。

7. 现金流量表的项目主要有：经营活动产生的现金流量、投资活动产生的现金流量、筹资活动产生的现金流量、汇率变动对现金及现金等价物的影响、现金及现金等价物净增加额、期末现金及现金等价物余额等项目。

思考题

1. 为什么要编制现金流量表？现金流量表的作用是什么？

2. 现金流量表的编制基础是什么？

3. 按照我国企业会计准则的规定，企业的现金流量是如何分类的？

4. 某公司利润表上营业收入项目为 1 950 000 元。资产负债表上有关项目如下：应收账款期初余额 400 050 元，期末余额为 672 125 元；应收票据期初余额为 290 000 元，期末余额为 0 元；预收账款期初余额为 120 000 元，期末余额为 80 000 元；应交税费明细账上本期商品销售收入发生的销项税额为 181 500 元；坏账准备明细账上当期计提的坏账准备为 825 元；应收票据明细账上票据贴现利息为 2 000 元。

要求：根据上述资料，计算本期“销售商品、提供劳务收到的现金”项目的金额。

5. 某公司利润表上“营业成本”项目为 650 000 元。资产负债表上有关项目如下：存货期初余额为 2 836 200 元，期末余额为 3 162 400 元；应付账款期初余额为 910 000 元，期末余额为 900 000 元；应付票据期初余额为 144 000 元，期末余额为 50 000 元；预付账款期初余额为 80 000 元，期末余额为 70 000 元；生产成本、制造费用明细账中当期列入生产成本、制造费用的工资为 330 000 元，福利费为 46 200 元，当期列入生产成本、制造费用的折旧为 180 000 元；应交税费明细账上进项增值税为 51 000 元，其中购买材料等列入存货所支付的增值税为 34 000元，购买生产设备等列入固定资产所支付的增值税为 17 000 元。

要求：根据上述资料，计算本期“购买商品、接受劳务支付的现金”项目的金额。

【案例分析】

蓝田股份案件

1989年,中国蓝田总公司在北京成立,它是中国农业大型企业,以农副水产品产、加、销一条龙,科、工、贸一体化的现代大农业为主业。1992年10月,沈阳蓝田股份有限公司(即蓝田股份)成立。1996年6月18日蓝田股份在上海证券交易所上市,是农业部首家推荐上市的企业。

蓝田股份曾经创造了中国股市长盛不衰的绩优神话。这家以养殖、旅游和饮料为主的上市公司,一亮相就颠覆了行业规律和市场法则,1996年发行上市以后,在财务数字上一直保持着神奇的增长速度:总资产规模从上市前的2.66亿元发展到2000年末的28.38亿元,增长了9倍,历年年报的业绩都在每股0.60元以上,最高达到1.15元。即使遭遇了1998年特大洪灾以后,每股收益也达到了不可思议的0.81元,5年间股本扩张了360%,创造了中国农业企业罕见的“蓝田神话”。

刘姝威——中央财经大学研究所的学者,一直从事银行信贷研究工作。刘姝威依据蓝田招股说明书和2001年中期财务报告(全部是公开资料),经过分析,她却被吓呆了:从蓝田的资产结构看,1997开始,其资产拼命上涨,与之相对应的是,流动资产却逐年下降。这说明,其整个资产规模是由固定资产来带动的,公司的产品占存货百分比和固定资产占资产百分比异常高于同业平均水平。这对银行给蓝田的20亿元贷款来说,并不是好事。她推理:蓝田股份的偿债,能力将越来越恶化;扣除各项成本和费用后,蓝田股份没有净收入来源;蓝田股份不能创造足够的现金流量以维持正常经营活动,也不能保证按时偿还贷款本息。出于高度的职业责任感,刘姝威觉得应该提示一下银行。于是,她撰写了600字的短文《应立即停止对蓝田股份发放贷款》。作为《金融内参》的联系作者,10月26日刘姝威把分析结果传真给《金融内参》编辑部。《金融内参》是金融时报的内部刊物,报送范围只限于中央金融工委、人民银行总行领导和有关司局级领导。2001年10月26日,《金融内参》刊登了刘姝威的600字短文,此后不久,国家有关银行相继停止对蓝田股份发放新的贷款。

2003年初,刘姝威被评为中央电视台“2002年经济年度人物”和“感动中国——2002年度人物”,其中颁奖辞称:她是那个在童话里说“皇帝没穿衣服”的孩子。

2002年1月,蓝田股份涉嫌提供虚假财务信息,董事长保田等10名中高层管理人员被拘传接受调查。2002年3月,公司实行特别处理,股票简称变更为“ST生态”。2002年5月,因连续3年亏损,暂停上市。

问题:

1. 蓝田赖以生存的现金从何而来?

2. 刘姝威是如何发现蓝田造假真相的?

第五章

Chapter 5

所有者权益变动表的编制

【学习要点及目标】

通过本章的学习，熟悉所有者权益变动表的格式和内容，理解并掌握所有者权益变动表的编制方法，能够熟练编制所有者权益变动表。

【引导案例】

在新颁布的会计准则——《财务报表列报》中，所有者权益变动表脱颖而出成为主要报表之一，其地位和作用不容小视。这源于我国会计准则与国际会计准则趋同的大势所趋，更源于我国经济的发展而带来的会计环境的巨大变化。那么所有者权益变动表可以提供给使用者一些什么有用的信息呢？如何编制所有者权益变动表呢？

第一节　所有者权益变动表的内容及格式

一、所有者权益变动表的内容

所有者权益变动表是反映构成所有者权益的各组成部分当期的增减变动情况的报表。所有者权益变动表不仅包括所有者权益总量的增减变动，还包括所有者权益增减变动的重要结构性信息，特别是要反映直接计入所有者权益的利得和损失，让报表使用者准确理解所有者权益增减变动的原因。所有者权益变动表具有以下特点：

(1)联结利润表和资产负债表的纽带。所有者权益变动表以利润表中的利润为起点，在反映净利润以及利润分配对所有者权益的影响的基础上，加之其他所有者权益变动因素，如投入者对企业投入的增减变化等，最终归于资产负债表中所有者权益项目，能够揭示利润表与资产负债表的相互关系。

(2)揭示企业所有者权益变动的原因。所有者权益变动表不仅反映企业当期期末所有者权益的总量和构成,而且反映当期盈利(或亏损)、发生利得或损失、投资者对企业投入的增减变化以及利润分配等各项目对当期所有者权益的影响。

(3)提供企业全面收益的信息。所有者权益变动表在一定程度上体现了企业综合收益,包括净利润和直接计入所有者权益的利得和损失。在所有者权益变动表中,不仅反映了企业当期实现的净利润、直接计入所有者权益的利得和损失,而且详细地描述了直接计入所有者权益的利得和损失的内容。

二、所有者权益变动表的格式

为了清楚地表明构成所有者权益的各组成部分当期的增减变动情况,所有者权益变动应当以矩阵的形式列示。一方面,列示导致所有者权益变动的交易或事项,改变了以往仅仅按照所有者权益的各组成部分反映所有者权益变动情况,按照所有者权益变动的来源对一定时期所有者权益变动情况进行全面反映;另一方面,按照所有者权益各组成部分(包括实收资本、资本公积、盈余公积、未分配利润和库存股)及其总额列示交易或事项对所有者权益的影响。

根据财务报表列报准则的规定,企业需要提供比较所有者权益变动表,因此所有者权益变动表还针对各项目划分“本年金额”和“上年金额”两栏分别填列。所有者权益变动表格式见表5.1。

表5.1　所有者权益变动表

会企04表

编制单位:　　　　　　　　　　年度　　　　　　　　　　单位:元

项　目	本年金额						上年金额					
	实收资本(或股本)	资本公积	减:库存股	盈余公积	未分配利润	所有者权益合计	实收资本(或股本)	资本公积	减:库存股	盈余公积	未分配利润	所有者权益合计
一、上年年末余额												
加:会计政策变更												
前期差错更正												
二、本年年初余额												
三、本年增减变动金额(减少以“-”号填列)												

续表 5.1

会企 04 表

编制单位： 年度 单位：元

项 目	本年金额						上年金额					
	实收资本（或股本）	资本公积	减：库存股	盈余公积	未分配利润	所有者权益合计	实收资本（或股本）	资本公积	减：库存股	盈余公积	未分配利润	所有者权益合计
（一）净利润												
（二）直接计入所有者权益的利得和损失												
1. 可供出售金融资产公允价值变动净额												
2. 权益法下被投资单位其他所有者权益变动的影响												
3. 与计入所有者权益项目相关的所得税影响												
4. 其他												
上述（一）和（二）小计												
（三）所有者投入和减少资本												
1. 所有者投入资本												
2. 股份支付计入所有者权益的金额												
3. 其他												
（四）利润分配												
1. 提取盈余公积												
4. 对所有者（或股东）的分配												
3. 其他												

续表 5.1

会企 04 表

编制单位：　　　　　　　　　　　　年度　　　　　　　　　　　　单位：元

项　目	本年金额					上年金额				
	实收资本（或股本）	资本公积	减：库存股	盈余公积	未分配利润	所有者权益合计	实收资本（或股本）	资本公积	减：库存股	盈余公积	未分配利润	所有者权益合计
(五)所有者权益内部结转												
1. 资本公积转增资本（或股本）												
2. 盈余公积转增资本（或股本）												
3. 盈余公积弥补亏损												
4. 其他												
四、本年年末余额												

第二节　所有者权益变动表的编制方法

所有者权益变动表各项目的金额栏分为“本年金额”和“上年金额”两栏。其中“上年金额”栏中各项目数据应根据上期所有者权益变动表的“本年金额”栏的金额填列，如果所有者权益变动表中的项目名称、内容有变化，则应根据规定对上期所有者权益变动表相关项目的内容、金额进行调整，按照调整后的金额填列本期所有者权益变动表的“上年金额”栏。“本年金额”栏项目的填列主要是根据“实收资本”、“资本公积”、“盈余公积”、“利润分配”、“库存股”以及“以前年度损益调整”等账户的当期发生额分析填列。

所有者权益变动表表内项目具体填列方法如下：

(1)上年年末余额，是指上年年末企业所有者权益(或股东权益)的期末余额。该项目应根据上年资产负债表中“实收资本(或股本)”、“资本公积”、“盈余公积”和“未分配利润”各项目的年末余额填列。对应表内横向本年金额各项目。

(2)会计政策变更，是指企业采用追溯调整法处理会计政策变更对所有者权益的累积影响金额。该项目应根据“盈余公积”、“利润分配——未分配利润”账户的发生额分析填列。对应表内横向的“盈余公积”和“未分配利润”项目。

(3)前期差错更正,是指企业采用追溯重述法更正重要的前期差错,但确定前期差错累积影响数不切实可行的除外。追溯重述法是指在发现前期差错时,视同该项前期差错从未发生过,从而对财务报表相关项目进行更正的方法。在追溯重述法下,需要调整财务报表最早期间的留存收益的期初余额,影响的项目主要涉及“盈余公积”和“未分配利润”项目。填列时,要根据“盈余公积”和“未分配利润”账户的发生额进行分析填列。对应表内横向的“盈余公积”和“未分配利润”项目。

(4)本年年初余额,是指在上年末余额的基础上,考虑了对会计政策变更、前期差错更正采用追溯调整后的本年年初余额。该项目应根据以上各项计算得到。

(5)净利润,是指当期实现的净利润(或亏损)。该项目应根据利润表中的“净利润”填列,对应表内横向的“未分配利润”项目。

(6)可供出售的金融资产公允价值变动净额,是指企业所持有的可供出售的金融资产当期公允价值变动的金额。该项目应根据“资本公积”账户的内容分析填列,对应表内横向的“资本公积”项目。

(7)权益法下被投资单位其他所有者权益变动的影响,是指企业采用权益法对长期股权投资进行核算时,资本公积中所反映的被投资企业除当年实现净损益以外的其他所有者权益变动中应分享的份额。该项目应根据“资本公积”账户的内容分析填列,对应表内横向的“资本公积”项目。

(8)与计入所有者权益项目相关的所得税影响,是指应计入资本公积的与直接计入所有者权益的交易或事项有关的递延所得税资产或负债。该项目应根据“资本公积”账户的内容分析填列,对应表内横向的“资本公积”项目。

(9)“净利润”和“直接计入所有者权益的利得和损失”小计,反映企业当年实现的净利润(或净亏损)以及当期直接计入所有者权益的利得和损失的金额,对应表内横向本年金额各项目。

(10)所有者投入资本。所有者投入资本,是指投资者当期投入企业的资本,包括形成的注册资本的部分和溢价的部分。该项目应根据“实收资本”账户和“资本公积”账户本期发生额分析填列,对应表内横向的“实收资本”和“资本公积”项目。

(11)股份支付计入所有者权益的金额,是指企业处于等待期中以权益结算的股份支付,当期应计入资本公积的金额。该项目应根据“资本公积”账户本期发生额分析填列,对应表内横向的“资本公积”项目。

(12)提取盈余公积,是指企业当期按照规定提取的盈余公积。该项目应根据“利润分配”账户本期发生额分析填列,对应表内横向的“盈余公积”、“未分配利润”项目,表现为“盈余公积”项目增加、“未分配利润”项目相应减少。

(13)对所有者(或股东)的分配,是指企业当期分配给投资者的利润(或股利)。该项目应根据“利润分配”账户本期发生额分析填列，对应表内横向的“未分配利润”项目，表现为“未分配利润”项目相应减少。

(14)资本公积转增资本(或股本)，是指企业当期用资本公积转增资本或股本的金额。该项目应根据“实收资本”或“资本公积”账户本期发生额分析填列，对应表内横向的“实收资本”和“资本公积”项目，表现为“实收资本”项目增加、“资本公积”项目相应减少。

(15)盈余公积转增资本(或股本)，是指企业当期用盈余公积转增资本或股本的金额。该项目应根据“实收资本”和“盈余公积”账户本期发生额分析填列，对应表内横向的“实收资本”和“盈余公积”项目，表现为“实收资本”项目增加、“盈余公积”项目相应减少。

(16)盈余公积弥补亏损，是指企业当期用盈余公积弥补亏损的金额。该项目应根据“利润分配”账户本期发生额分析填列，对应表内横向的“盈余公积”和“未分配利润”项目，表现为“未分配利润”项目相应增加、“盈余公积”项目相应减少。

(17)本年年末余额，是指所有者权益的年末余额，应根据表内项目计算得到，各项计算结果应与同期资产负债表中的所有者权益项目的金额一致。

第三节　所有者权益变动表的编制实务

【例5.1】　资料承例2.1、例3.1。要求：编制中华有限责任公司2010年度所有者权益变动表，见表5.2。

本章小结

1. 所有者权益变动表是反映构成所有者权益的各组成部分当期的增减变动情况的报表，不仅包括所有者权益总量的增减变动，还包括所有者权益增减变动的重要结构性信息，特别是要反映直接计入所有者权益的利得和损失，让报表使用者准确理解所有者权益增减变动的原因。

2. 所有者权益变动表联结利润表和资产负债表，能够揭示企业所有者权益变动的原因并提供企业全面收益的信息。

3. 所有者权益变动表中上年年末余额，是指上年年末企业所有者权益(或股东权益)的期末余额。该项目应根据上年资产负债表中“实收资本(或股本)”、“资本公积”、“盈余公积”和“未分配利润”各项目的年末余额填列，对应表内横向本年金额各项目。

4. 净利润项目应根据利润表中的“净利润”填列，应等于利润表中的净利润，对应表内横向的“未分配利润”项目。

5. 可供出售的金融资产公允价值变动净额项目应根据“资本公积”账户的内容分析填列，对应表内横向的“资本公积”项目。

6. 权益法下被投资单位其他所有者权益变动的影响项目应根据“资本公积”账户的内容

表 5.2　所有者权益变动表

会企 04 表

编制单位:中华有限责任公司　　2010 年度　　单位:元

项　　目	本年金额						上年金额					
	实收资本（或股本）	资本公积	减:库存股	盈余公积	未分配利润	所有者权益合计	实收资本（或股本）	资本公积	减:库存股	盈余公积	未分配利润	所有者权益合计
一、上年年末余额	5 020 000			185 685.15	202 215.85	5 407 901						
加:会计政策变更												
前期差错更正												
二、本年年初余额	5 020 000			185 685.15	202 215.85	5 407 901						
三、本年增减变动金额(减少以“-”号填列)				56 887.13	411 984.12							
(一)净利润					568 871.25	568 871.25						
(二)直接计入所有者权益的利得和损失												
1. 可供出售金融资产公允价值变动净额												
2. 权益法下被投资单位其他所有者权益变动的影响												
3. 与计入所有者权益项目相关的所得税影响												
4. 其他												

续表 5.2

会企 04 表

编制单位:中华有限责任公司　　2010 年度　　单位:元

项　　目	本年金额						上年金额					
	实收资本(或股本)	资本公积	减:库存股	盈余公积	未分配利润	所有者权益合计	实收资本(或股本)	资本公积	减:库存股	盈余公积	未分配利润	所有者权益合计
上述(一)和(二)小计					568 871.25	568 871.25						
(三)所有者投入和减少资本												
1. 所有者投入资本												
2. 股份支付计入所有者权益的金额												
3. 其他												
(四)利润分配				56 887.13	-156 887.13	-100 000						
1. 提取盈余公积				56 887.13	-56 887.13							
2. 对所有者(或股东)的分配					-100 000	-100 000						
3. 其他												
(五)所有者权益内部结转												
1. 资本公积转增资本(或股本)												
2. 盈余公积转增资本(或股本)												
3. 盈余公积弥补亏损												
4. 其他												
四、本年年末余额	5 020 000			242 572.28	61 419 997	5 876 772.25	5 020 000			185 685.15	202 215.85	5 407 901

分析填列，对应表内横向的“资本公积”项目。

思考题

1. 所有者权益变动表有哪些特点？
2. 所有者权益变动表的格式是什么？
3. 所有者权益变动表中各项目如何填列？

【资料分析】

你想更好地了解和利用所有者权益变动表吗？

首先，想要了解所有者权益变动表，必须回到基本的会计等式：

$$资产\ t=负债\ t+所有者权益\ t$$

其中 t 指的是时间，代表会计等式在任何时间点 t 都会成立。针对第 t 期的所有者权益，可以进一步表达如下：

$$所有者权益\ t=所有者权益\ t-1+净利\ t-现金股利\ t+现金增资（增发股票）t-买回公司股票\ t\pm其他调整项目\ t$$

这个关系式的含义为：本期（t 期）的所有者权益，是以上期（$t-1$ 期）的所有者权益为出发点。如果本期公司赚钱（净利为正），则所有者权益会增加；如果本期公司赔钱，则所有者权益会减少。因此，利润表的结果会影响所有者权益变动表。此外，本期现金股利的发放也会减少所有者权益。如果公司在本期中进行向股东筹资的活动（现金增资）就会造成所有者权益的增加。但是，如果公司买回自家股票，则会造成所有者权益的减少。此外，有些会计的调整项目（例如可供出售金融资产公允价值的变动、长期股权投资未实现的跌价损失等），则会不经过利润表（不影响当期净利）而直接影响当期的所有者权益金额。由此，报表的使用者不但了解企业的全面收益而且对所有者权益的增减变动是由哪些因素引起的，其影响有多大一目了然。

第六章

Chapter 6

财务报表附注和其他财务报告的编制

【学习要点及目标】

通过本章的学习，理解附注的内容和作用，熟悉分部报告披露的内容，了解其他财务报告的种类及内容。

【引导案例】

四川金路集团股份有限公司2008年年报中关于会计政策的变更做了这样说明：

根据财政部2008年12月26日发布的《关于做好执行会计准则企业2008年年报工作的通知》(财会函[2008]60号)的规定：高危行业企业按照规定提取的安全生产费用，应当按照《企业会计准则讲解(2008)》中的具体要求处理，在所有者权益"盈余公积"项下以"专项储备"项目单独列报，不再作为负债列示。企业按规定标准提取安全费用等时，按照提取金额通过利润分配转入"盈余公积——专项储备"科目。按照规定范围使用时根据实际使用金额在所有者权益内部进行结转，从"盈余公积——专项储备"科目转入未分配利润，但结转金额以"盈余公积——专项储备"科目余额冲减至零为限。鉴于此，公司对上述会计政策进行了变更。本次会计政策变更日为2008年1月1日，并进行追溯调整。

这种政策的变更需要在财务报告附注中说明，除此以外财务报告附注还包括哪些内容呢？其他财务报告又是如何编制的呢？

第一节　财务报表附注概述

一、财务报表附注的内容

财务报表附注是为便于使用者理解财务报表的内容而对财务报表的编制基础、编制依据、编制原则和方法及主要项目所做的解释。财务报表附注是财务报表的补充说明，是财务报告的重要组成部分。

(一)企业的基本情况

(1)企业的注册地、组织形式和总部地址。

(2)企业的业务性质和主要经营活动。

(3)母公司以及集团最终母公司的名称。

(4)财务报告的批准报出者和财务报告批准报出日。

(二)财务报表的编制基础

(1)会计年度。

(2)记账本位币。

(3)会计计量所运用的计量基础。

(4)现金和现金等价物的构成。

(三)遵循企业会计准则的声明

企业应当声明编制的财务报表符合企业会计准则的要求，真实、完整地反映了企业的财务状况、经营成果和现金流量等有关信息。

(四)重要会计政策和会计估计

根据财务报表列报准则的规定，企业应当披露采用的重要会计政策和会计估计，不重要的会计政策和会计估计可以不披露。

(五)会计政策和会计估计变更以及差错更正的说明

企业应当按照《企业会计准则第 28 号——会计政策、会计估计变更和差错更正》及其应用指南的规定，披露会计政策和会计估计变更以及差错更正的有关情况。包括：

(1)会计政策变更的性质、内容和原因。

(2)当期和各个列报前期财务报表中受影响的项目名称和调整金额。

(3)会计政策变更无法进行追溯调整的事实和原因以及开始应用变更后的会计政策的时点、具体应用情况。

(4)会计估计变更的内容和原因。

(5)会计估计变更对当期和未来期间的影响金额。

(6)会计估计变更的影响数不能确定的事实和原因。

(7)前期差错的性质。

(8)各个列报前期财务报表中受影响的项目名称和更正金额;前期差错对当期财务报表也有影响的,还应披露当期财务报表中受影响的项目名称和金额。

(9)前期差错无法进行追溯重述的事实和原因以及对前期差错开始进行更正的时点、具体更正情况。

(六)重要报表项目的说明

企业应当以文字和数字描述相结合,尽可能以列表形式披露报表重要项目的构成或当期增减变动情况,并且报表重要项目的明细金额合计,应当与报表项目金额相衔接。在披露顺序上,一般应当按照资产负债表、利润表、现金流量表、所有者权益变动表的顺序及其项目列示的顺序。

(七)其他需要说明的重要事项

这主要包括或有和承诺事项、资产负债表日后非调整事项、关联方关系及其交易等,具体的披露要求需遵循相关准则的规定。

二、附注的作用

会计报表附注可以丰富企业财务会计信息,包括历史性信息、前瞻性信息、货币性和定量性信息、非货币性和定性信息、确定性信息和一些非确定性信息。会计报表附注提高了财务会计报告所提供信息的质量,体现在以下几个方面:

(一)信息的决策相关性方面

财务报表附注不少是直接根据信息使用者的决策需要或针对企业具体情况及所处特殊环境而加以披露的,如或有事项信息、关联方交易的披露、资产负债表日后事项的说明等等,从而大大提高了信息的决策相关性。

(二)信息的可比性方面

通过财务报表附注,对企业所采用的会计政策及其变更情况和原因以及变更对企业财务状况和经营成果的影响予以揭示,信息使用者就可以据此消除各企业会计报表之间以及同一企业前后各期会计报表之间的不可比因素,提高了信息的可比性。

(三)信息的可理解方面

通过财务报表附注对会计报表中被高度概括浓缩的重要项目进行详细解释和说明,对表中反映的各种信息之间的联系及其发展趋势进行必要的分析和揭示,有助于增进会计报表信息的可理解性。

第二节　其他财务报告概述

一、分部报表

分部报表是指以企业的业务分部和地区分部为主体编制的提供分部信息的财务会计报表。企业应当在业务分部与地区分部选择其一,采用主要报告形式,同时对另一部分作简要说明。业务分部与地区分部报告主、次形式的确定应遵循以下标准:当风险和报酬主要受企业的产品和劳务差异影响时,披露分部信息的主要形式应当确定为业务分部,次要形式为地区分部;当风险和报酬主要受企业在不同的国家或地区经营活动影响时,披露分部信息的主要形式应当确定为地区分部,次要形式为业务分部;而当风险和报酬同时受企业产品和劳务的差异以及经营活动所在国家或地区差异影响时,披露分部信息的主要形式应当确立为业务分部,次要形式为地区分部。

表 6.1　分部报表(业务分部)

会企 02 表附表 2

编制单位:　　　　　　　　　　年度　　　　　　　　　　单位:元

项　目	××业务		××业务		…	其他业务		抵销		合计	
一、营业收入合计	本年	上年	本年	上年	…	本年	上年	本年	上年	本年	上年
其中:对外营业收入											
分部间营业收入											
二、销售成本合计											
其中:对外销售成本											
分部间销售成本											
三、期间费用合计											
四、营业利润合计											
五、资产总额											
六、负债总额											

表6.2　分部报表(地区分部)

会企02表附表3

编制单位:　　　　　　　　　　年度　　　　　　　　　　　　　　　单位:元

项　目	××业务		××业务		…	其他业务		抵销		合计	
一、营业收入合计	本年	上年	本年	上年	…	本年	上年	本年	上年	本年	上年
其中:对外交易收入											
分部间交易收入											
二、营业费用											
三、营业利润(亏损)											
四、资产总额											
五、负债总额											
六、补充信息											
1.折旧和摊销费用											
2.资本性支出											

(一)分部报告中主要报告形式应披露的内容

1.分部收入

分部收入包括归属于分部的对外交易收入和对其他分部交易收入。主要可归属于分部的对外交易收入构成,通常为营业收入。企业在披露分部收入时,对外交易收入和对其他分部交易收入应当分部披露。分部报告中通常不包括:

(1)利息收入(包括因预付或借给其他分部款项而确认的利息收入)和股利收入,但分部的日常活动是金融性质的除外。

(2)营业外收入。

(3)处置投资产生的净收益,但分部的日常活动是金融性质的除外。

(4)采用权益法核算的长期股权在被投资单位实现的净利润中应享有的份额,但分部的日常活动是金融性质的除外。

2.分部费用

分部费用包括可以归属分部的对外交易费用和对其他分部交易费用。主要由可归属分部的对外交易费用构成,通常包括营业成本、营业税金及附加、销售费用等。企业在披露分部费用时,折旧费、摊销费以及其他重大的非现金费用应当单独披露。分部费用通常不包括:

(1)利息费用(包括因预收或向其他分部借款而确认的利息费用),但分部的日常活动是金融性质的除外。

(2)营业外支出。

(3)处置投资发生的净损失,但分部的日常活动是金融性质的除外。

(4)采用权益法核算的长期股权在被投资单位实现的净损失中应承担的份额,但分部的日常活动是金融性质的除外。

(5)所得税费用。

(6)与企业整体相关的管理费用和其他费用。

3. 分部利润(亏损)

分部利润(亏损)指分部收入减去分部费用后的余额。分部利润不同于企业的净利润。如果企业需要提供合并财务报表的,分部利润(亏损)应当在调整少数股东损益前确定。

4. 分部资产

分部资产包括企业在分部的经营中使用的,可直接归属于该分部的资产,以及能够以合理的基础分配给该分部的资产。分部资产的披露金额应当按照扣除相关累计折旧或摊销额以及累计减值准备后的金额确定,即按照分部资产的账面价值来确定。不包括递延所得税资产和服务于企业总部的资产。

5. 分部负债

分部负债是指分部经营活动形成的可归属该分部的负债,不包括递延所得税负债。分部的日常活动是金融性质的,利息收入和利息费用应当作为分部收入和分部费用进行披露。

企业披露的分部信息,应当与合并财务报表或企业财务报表中的总额信息相衔接。分部收入应当与企业的对外交易收入(包括企业对外交易取得的,未包括在任何分部收入中的收入)相衔接;分部利润(亏损)应当与企业营业利润(亏损)和企业净利润(净亏损)相衔接;分部资产总额应当与企业资产总额相衔接;分部负债总额应当与企业负债总额相衔接。

(二)分部报告次要形式应补充列示的内容

1. 以业务分部为主要报告形式

当分部信息主要报告形式的内容确定为业务分部时,应当就地区分部披露下列信息:

(1)对外交易收入占企业对外交易收入总额10%或者以上的地区分部,并以外部客户所在地为基础披露对外交易收入。

(2)分部资产占所有地区分部资产总额10%或者以上的地区分部,以资产所在地为基础披露分部资产总额。

2. 以地区分部为主要报告形式

当分部信息主要报告形式的内容确定为地区分部时,应当就业务分部披露下列信息:

(1)对外交易收入占企业对外交易收入总额10%或者以上的业务分部,并披露其对外交易收入。

(2)分部资产占所有业务分部资产总额10%或者以上的业务分部,并披露其分部资产总额。

（三）分部报告中应说明的其他内容

为使报告的使用者更好地理解分部报告的信息，在分部报告中，首先应说明分部及分部的确定依据；另外，应说明与分部报告特别相关的会计政策，如分部间转移价格的确定方法，以及将收入和费用分配给分部的基础等。企业在披露分部信息时，应当提供前期比较数据。

二、其他财务报告

其他财务报告是企业根据准则法规要求或自愿提供的，它要有助于理解财务会计报告信息，不应误导使用者的决策。其他财务报告的种类很多，以下是几种常见的其他财务报告。

（一）财务情况说明书

作为完整的财务报告体系，只有会计报表是不够的，还要编制财务状况说明书。财务情况说明书是企业对报告期间的财务状况和经营成果进行分析总结的书面文字报告。它是会计报表的说明性文件，随会计报表一并报出。

因为会计报表有一定局限性，它对企业的财务状况、经营成果、现金流动情况是以数据反映的，并且这些数据是专业化、格式化的，有些非专业会计人员难以看懂报表，或者对报表理解不深，因此，财务报告需要对会计报表作必要的文字说明。另外，企业经营过程遇到的情况千变万化，不是靠几张报表的固定格式就能包罗万象，尤其是有些对企业经营影响较大而又无法量化的因素，如企业外部发生的国家财政政策的新规定对会计结果的影响等，都必须以文字说明。

需要说明的是，财务状况说明书是根据企业具体情况编写的，对财务状况说明书的编写还没有严格的规定。而且，在目前上市公司的年度会计报告中还看不到专门的财务状况说明书，起到财务状况说明书作用的文件是年度会计报告中的董事会报告。财务状况说明书应包括以下几个方面的内容：

1. 企业的生产经营背景情况

需要说明企业所处的行业以及在本行业中的地位、企业主管业务的范围及其经营状况、企业的技术水平和技术进步能力、企业的近期目标和远期目标、产业结构对企业的影响、企业在经营中出现的问题与困难及解决方案。

2. 企业的财务状况

需要分析企业的财务状况并报告年度内总资产、长期负债、股东权益及上年的增减变动情况及主要原因。

3. 本年度实现的利润总额情况

需要分析说明利润总额构成项目增减变动原因和利润分配政策的贯彻执行情况。

4. 资金使用情况

需要说明企业资金的来源和去向，若用于投资项目，则应说明项目资金的投入情况、项目的进度及收益情况。

5. 税金缴纳情况

需要分析说明企业的主要税种和税率，以及所得税会计处理方法，同时说明企业本期的纳税责任及其履行情况。

6. 重要事件

需要说明企业发生的有关重要事件，如重大诉讼、仲裁事项、报告期内企业收购兼并或资产重组事项，各项资产物资不正常变动情况，以及对本期或下期财务状况和经营成果有重大影响的其他事项。

7. 前瞻性信息

需要分析有关企业未来经营活动和有助于预测、评估企业未来财务状况和经营成果的相关指标。如企业面临的机会与风险，如从事其他行业经营导致的机会与风险，本行业因产业结构发生变化而产生的机会与风险等；对重大投资计划，与企业经营目标有关的机会，以及一些主要财务指标和非财务指标的分析与评价；实际经营业绩与前期披露的机会与风险的比较以及与计划的比较；企业竞争对手或潜在竞争者将对企业产生的影响。

8. 其他需要说明的事项

如人力资源信息主要反映企业为了招聘、录用、培训、组织和开发人才等方面的信息。主要包括：人力资源成本，如企业招聘、录用人力的费用，选拔人力外出培训的费用等；人力资源价值，即人力资源的创利能力，它可以表现为过去创造的价值，也可以表现为将来能创造的价值。

（二）管理当局的分析信息

管理当局与企业关系最为密切，并能影响一个企业的未来发展，使用者理解管理当局对企业的看法及其未来计划，可以了解会计报表中有关数据的变化原因，预测管理当局将如何引导企业的发展？管理当局讨论和分析信息时应当提供有关一个企业的变现能力、资本来源和经营成果的信息。

1. 有关变现能力的信息

管理当局应说明已知的可能增强或削弱企业长期或短期变现能力的所有事项、契约或趋势。如果发现变现能力严重不足，应阐明将要采取的补救措施。管理当局还应详细分析所有可用于变现的资源，并对主要的流动资产项目进行评估。

2. 有关资本来源的信息

管理当局应披露可能发生资本支出的合同，揭示签订这些合同的目的以及为履行合同所作的资金安排。在资本来源方面，管理当局必须分析未来有利或不利的情形，包括资本结构的重大变动及相应的资本成本，着重说明举债筹资占企业筹资的比重和增减变动情况，以及资产负债表外的各种筹资安排。

3. 有关经营成果的信息

管理当局应对企业利润作以下分析:

(1)要说明企业重大的非正常或经常的交易事项以及它们对利润的影响,这种影响要从收入和费用两个方面进行分析。

(2)要评述所有已知的可能对利润产生有利或不利影响的事项或趋势。

(3)如果预计收入与成本将会发生重大变动,那么管理当局要披露这一变动。

(4)如果销售收入增长迅速,就应分析原因,是由于价格提高、销售量增长,还是由于新产品的引进。

(5)如果物价变动对企业利润有重大影响,管理当局还应就此发表看法。

管理当局讨论和分析侧重于提供前瞻性信息,因此不可避免地会具有较强的主观性,但一部分使用者认为,这些信息的效用大于其潜在的不可靠所带来的风险,所以提供这类信息是值得的。

(三)社会责任报告

企业的社会责任日益受到公众的关注。企业经营成败与否不仅有赖于企业财务的优劣和盈利能力的大小,而且在很大程度上要依赖于企业在公众心目中的形象。所以,投资者在关注企业财务状况和盈利水平的同时,还重视企业在社会责任方面所作的努力和取得的成果。

社会责任报告的内容主要包括:企业对职工的社会责任,如职工的劳动报酬和集团福利,健康安全保护和就业保障等;企业对社会和本地区的社会责任,如企业对文化、教育、艺术、体育及慈善事业的赞助与捐赠;为发展本地区公共交通事业、市政建设等方面提供的援助;企业对生态环境维护的社会责任,如对排放污染、废气、空气污染等处理所发生的费用,就环境保护措施给予的资助等;企业对消费者的社会责任,如因产品质量问题对被害消费者所支付的费用、产品"三包"费用等。

如何提供社会责任信息,尽管目前仍处于发展阶段,但已经有不少企业在他们的年度报告中包括这方面的信息。这些信息可以改变财务报告使用者对企业的主观看法。

(四)财务预测报告

财务预测是指管理当局根据将来的经营环境以及将采取的行动对企业财务状况、经营成果和现金流量做出的预测。财务预测是使用者普遍重视的信息,但也存在着激烈的争论。支持提供财务预测信息的理由是:投资者的决策要依据对未来的预测,因此财务预测信息可以帮助他们更好地进行决策;财务预测信息即使不公开,也会通过非正式渠道传播出去,容易为少数投资者所利用。倘若企业按照规范的要求披露财务预测信息,则可以防止出现这种混乱的局面;现在经营环境瞬息万变,投资者根据财务报表中的历史信息不足以预测企业的未来。

反对提供财务预测信息的理由是:没有人能够对未来做出详细的、准确的预测,因此,财务预测信息给使用者关于企业未来的确定性印象,可能会对他们的决策产生误导作用;管理当局可能仅关心如何实现其预测，而不努力争取股东最大的利益；如果预测与实际结果不符，企业会面临被起诉的危险；披露预测信息可能使竞争对手利用这些信息，使本企业处于竞争劣势。

本章小结

1. 财务报表附注的内容包括企业的基本情况、财务报表的编制基础、遵循企业会计准则的声明、重要会计政策和会计估计、会计政策和会计估计变更以及差错更正的说明、重要报表项目的说明及其他需要说明的重要事项。

2. 财务报表附注可以丰富企业财务会计信息，包括历史性信息、前瞻性信息、货币性和定量性信息、非货币性和定性信息、确定性信息和一些非确定性信息。会计报表附注提高了财务会计报告所提供信息的质量，体现在提高了信息的决策相关性、信息的可比性，增进了会计报表信息的可理解性。

3. 分部报表是指以企业的业务分部和地区分部为主体编制的提供分部信息的财务会计报表。分部信息的披露，分为主要形式和次要形式。企业应当在业务分部与地区分部选择其一，采用主要报告形式，同时对另一部分作简要说明。

4. 业务分部与地区分部报告主、次形式的确定应遵循以下标准：当风险和报酬主要受企业的产品和劳务差异影响时，披露分部信息的主要形式应当确定为业务分部，次要形式为地区分部；当风险和报酬主要受企业在不同的国家或地区经营活动影响时，披露分部信息的主要形式应当确定为地区分部，次要形式为业务分部；而当风险和报酬同时受企业产品和劳务的差异以及经营活动所在国家或地区差异影响时，披露分部信息的主要形式应当确立为业务分部，次要形式为地区分部。

思考题

1. 财务报表附注包括哪些内容?
2. 分部报告披露的内容是什么?
3. 其他财务报告有哪些主要的形式?

第七章

Chapter 7

企业合并

【学习要点及目标】

通过本章的学习理解企业合并的概念，了解企业合并的方式及类型，掌握企业合并的会计处理原则及方法。

【引导案例】

2005年5月1日，中国联想集团正式宣布收购IBM全球PC业务。合并后的新联想以130亿美元的年销售额一跃成为全球第三大PC制造商。截至2005年第二季度，联想的营业额较去年同期增长404%，仅半年时间，就把原来亏损的IBM个人电脑业务带向了盈利。此后，联想宣布斥资2亿美元进行广告宣传和市场推广，其中包括一系列奥运营销策略规划。联想向世界正式推介"lenovo"品牌，向全球化坚定迈进。对于联想的合并业务，双方公司的会计处理应对此经济行为做出怎样的反应呢？

第一节　企业合并的方式

一、企业合并的界定

企业合并是将两个或两个以上单独的企业合并形成一个报告主体的交易或事项。

从企业合并的定义看，是否形成企业合并关键要看有关交易或事项发生前后，是否引起报告主体的变化。报告主体的变化产生于控制权的变化。在交易事项发生以后，一方能够对另一方的生产经营决策实施控制，形成母子公司关系，涉及控制权的转移，该交易或事项发生以后，子公司需要纳入母公司合并财务报表的范围中，从合并财务报告角度形成报告主体的变化;交易事项发生以后,一方能够控制另一方的全部净资产,被合并的企业在合并后失去其法人资格,也涉及控制权的变化及报告主体的变化,形成企业合并。其中,母公司是指有一个或一个以上子公司的企业。子公司是指被母公司控制的企业。

这里的"控制"是指有效控制,即"实质上控制",包括:

(1)通过与其他投资者签订协议,实质上拥有被购买企业半数以上表决权。

(2)按照协议规定,具有主导被购买企业财务和经营决策的权力。

(3)有权任免被购买企业董事会或类似权力机构绝大多数成员。

(4)在被购买企业董事会或类似权力机构具有绝大多数投票权。

二、企业合并的方式

企业合并从合并方式划分,包括控股合并、吸收合并和新设合并。

(一)控股合并

合并方(购买方)通过企业合并交易或事项取得对被合并方(被购买方)的控制权,企业合并后能够通过所取得的股权等主导被合并方的生产经营决策并自被合并方的生产经营活动中获益,被合并方在企业合并后仍维持其独立法人资格继续经营的,为控股合并。

(二)吸收合并

合并方在企业合并中取得被合并方的全部净资产,并将有关资产、负债并入合并方自身的账簿和报表进行核算。企业合并后,注销被合并方的法人资格,由合并方持有合并中取得的被合并方的资产、负债,在新的基础上继续经营,该类合并为吸收合并。

(三)新设合并

参与合并的各方在企业合并后法人资格均被注销,重新注册成立一家新的企业,由新注册成立的企业持有参与合并企业的资产、负债在新的基础上经营,为新设合并。

三、企业合并类型的划分

我国的企业合并准则中将企业合并按照一定的标准划分为两大基本类型——同一控制下的企业合并与非同一控制下的企业合并。企业合并的类型划分不同,所遵循的会计处理原则也不同。

(一)同一控制下的企业合并

同一控制下的企业合并,是指参与合并的企业在合并前后均受同一方或相同的多方最终控制且该控制并非暂时性的。

(1)能够对参与合并各方在合并前后均实施最终控制的一方通常指企业集团的母公司。

同一控制下的企业合并一般发生于企业集团内部,如集团内部母子公司之间、子公司与子公司之间等。因为该类合并从本质上是集团内部企业之间的资产或权益的转移,不涉及自集团外购入子公司或是向集团外其他企业出售子公司的情况，能够对参与合并企业在合并前后均实施最终控制的一方为集团的母公司。

(2)能够对参与合并的企业在合并前后均实施最终控制的相同多方，主要是指根据投资者之间的协议约定，为了扩大其中某一投资者对被投资单位的表决权比例，或者巩固某一投资者对被投资单位的控制地位，在对被投资单位的生产经营决策行使表决权时采用相同意思表示的两个或两个以上的法人或其他组织。

(3)实施控制的时间性要求，是指参与合并各方在合并前后较长时间内为最终控制方所控制。具体是指在企业合并之前(即合并日之前)，参与合并各方在最终控制方的控制时间一般在一年以上(含一年)，企业合并后所形成的报告主体在最终控制方的控制时间也应达到一年以上(含一年)。

(二)非同一控制下的企业合并

非同一控制下的企业合并，是指参与合并各方在合并前后不受同一方或相同的多方最终控制的合并交易，即除判断属于同一控制下企业合并的情况以外其他的企业合并。

第二节 企业合并的会计处理

一、同一控制企业合并的会计处理

同一控制下的企业合并，是从合并方出发，确定合并方在合并日对于企业合并事项应进行的会计处理。合并日，是指合并方实际取得对被合并方控制权的日期。

(一)同一控制下企业合并的处理原则

同一控制下的企业合并的实质决定了其会计处理原则：合并方对企业合并所取得的净资产或股权投资，需要采用账面价值进行计量，不按公允价值调整；合并方所支付的对价按其账面价值确认，不确认转让损益；合并方取得的净资产或股权投资的账面价值与所支付对价的账面价值的差，需要调整所有者权益，不涉及商誉的确认。

(1)合并方在合并中确认取得的被合并方的资产、负债仅限于被合并方账面上原已确认的资产和负债，合并中不产生新的资产和负债。

(2)合并方在合并中取得的被合并方各项资产、负债应维持其在被合并方的原账面价值不变。

被合并方在企业合并前采用的会计政策与合并方不一致的，应基于重要性原则，首先统一会计政策，即合并方应当按照本企业会计政策对被合并方资产、负债的账面价值进行调整，并以调整后的账面价值作为有关资产、负债的入账价值。

(3)合并方在合并中取得的净资产的入账价值相对于为进行企业合并支付的对价账面价

值之间的差额，不作为资产的处置损益，不影响合并当期利润表，应当调整所有者权益。调整时应首先调整资本公积（资本溢价或股本溢价），资本公积（资本溢价或股本溢价）的余额不足冲减的，应冲减留存收益。

（4）对于同一控制下的控股合并，合并方在编制合并财务报表时，应视同合并后形成的报告主体自最终控制方开始实施控制时一直是一体化存续下来的，参与合并各方在合并以前期间实现的留存收益应体现为合并财务报表中的留存收益。合并财务报表中，应以合并方的资本公积（或经调整后的资本公积中的资本溢价部分）为限，在所有者权益内部进行调整，将被合并方在合并日以前实现的留存收益中按照持股比例计算归属于合并方的部分自资本公积转入留存收益。

（二）会计处理

同一控制下的企业合并，基本处理原则是股权联合法。视合并方式不同，应当分别按照以下规定进行会计处理。

1. 同一控制下的控股合并

（1）长期股权投资的确认和计量。同一控制下企业合并形成的长期股权投资，合并方应以合并日应享有被合并方账面净资产的份额作为形成长期股权投资的初始投资成本，借记“长期股权投资”科目，按享有被投资单位已宣告但尚未发放的现金股利或利润，借记“应收股利”科目，按支付的合并对价的账面价值，贷记有关资产或借记有关负债科目，以支付现金、非现金资产方式进行的，该初始投资成本与支付的现金、非现金资产的差额，相应调整资本公积（资本溢价或股本溢价），资本公积（资本溢价或股本溢价）的余额不足冲减的，相应调整盈余公积和未分配利润；以发行权益性证券方式进行的，长期股权投资的初始投资成本与所发行股份的面值总额之间的差额，应调整资本公积（资本溢价或股本溢价），资本公积（资本溢价或股本溢价）的余额不足冲减的，相应调整盈余公积和未分配利润。

（2）合并日合并财务报表的编制。同一控制下的企业合并形成母子公司关系的，合并方一般应在合并日编制合并财务报表，反映于合并日形成的报告主体的财务状况，视同该主体一直存在产生的经营成果等。编制合并日的合并财务报表时，一般包括合并资产负债表、合并利润表及合并现金流量表。

①合并资产负债表。被合并方的有关资产、负债应以其账面价值并入合并财务报表。并方与被合并方在合并日及以前期间发生的交易，应作为内部交易进行抵销。

同一控制下企业合并的基本处理原则是视同合并后形成的报告主体在合并日及以前期间一直存在，在合并资产负债表中，对于被合并方在企业合并前实现的留存收益（盈余公积和未分配利润之和）中归属于合并方的部分，应按以下规定，自合并方的资本公积转入留存收益。

a. 确认企业合并形成的长期股权投资后，合并方账面资本公积（资本溢价或股本溢价）贷方余额大于被合并方在合并前实现的留存收益中归属于合并方的部分，在合并资产负债表中，应将被合并方在合并前实现的留存收益中归属于合并方的部分自“资本公积”转入“盈余公积”和“未分配利润”。在合并工作底稿中,借记“资本公积”项目,贷记“盈余公积”和“未分配利润”项目。

b.确认企业合并形成的长期股权投资后,合并方账面资本公积(资本溢价或股本溢价)贷方余额小于被合并方在合并前实现的留存收益中归属于合并方的部分的,在合并资产负债表中,应以合并方资本公积(资本溢价或股本溢价)的贷方余额为限,将被合并方在企业合并前实现的留存收益中归属于合并方的部分自“资本公积”转入“盈余公积”和“未分配利润”。在合并工作底稿中,借记“资本公积”项目,贷记“盈余公积”和“未分配利润”项目。

因合并方的资本公积(资本溢价或股本溢价)余额不足,被合并方在合并前实现的留存收益在合并资产负债表中未予全额恢复的,合并方应当在会计报表附注中对这一情况进行说明。

【例7.1】 M、N公司分别为G公司控制下的两家子公司。M公司于20×9年4月1日自母公司G处取得N公司100%的股权,合并后N公司仍独立经营。为进行该项企业合并,M公司发行了2 000万股本公司普通股(每股面值1元)作为对价。假定M、N公司采用的会计政策相同。合并日,M公司及N公司的所有者权益构成如下:

表7.1

单位:万元

M公司		N公司	
项 目	金 额	项 目	金 额
股 本	10 000	股 本	2 000
资本公积	3 000	资本公积	1 000
盈余公积	4 000	盈余公积	2 000
未分配利润	6 000	未分配利润	3 000
合 计	23 000	合 计	8 000

M公司在合并日应进行的会计处理为:

借:长期股权投资　　80 000 000

　贷:股本　　20 000 000

　　资本公积　　60 000 000

注意,对于企业合并前N公司实现的留存收益中归属于M的部分(5 000万元)应自资本公积(资本溢价或股本溢价)转入留存收益。M公司在确认对N公司的长期股权投资以后,其资本公积的账面余额为9 000万元(3 000万+6 000万),假定其中资本溢价或股本溢价的金额为7 000万元。在合并工作底稿中,应编制以下调整分录:

借:资本公积　　50 000 000

　贷:盈余公积　　20 000 000

　　未分配利润　　30 000 000

②合并利润表。合并方在编制合并日的合并利润表时，应包含合并方及被合并方自合并当期期初至合并日实现的净利润，双方在当期所发生的交易，应当按照合并财务报表的有关原则进行抵销。

③合并现金流量表。合并日合并现金流量表的编制与合并利润表的编制原则相同。

2. 同一控制下的吸收合并

(1)合并中取得资产、负债入账价值的确定。合并方对同一控制下吸收合并中取得的资产、负债应当按照相关资产、负债在被合并方的原账面价值入账。其中，对于合并方与被合并方在企业合并前采用的会计政策不同的，在将被合并方的相关资产和负债并入合并方的账簿和报表进行核算之前，应当按照合并方的会计政策对被合并方的有关资产、负债的账面价值进行调整后，以调整后的账面价值确认。

(2)合并差额的处理。合并方在确认了合并中取得的被合并方的资产和负债的入账价值后，以发行权益性证券方式进行的该类合并，所确认的净资产入账价值与发行股份面值总额的差额，应记入资本公积(资本溢价或股本溢价)，资本公积(资本溢价或股本溢价)的余额不足冲减的，相应冲减盈余公积和未分配利润；以支付现金、非现金资产方式进行的该类合并，所确认的净资产入账价值与支付的现金、非现金资产账面价值的差额，相应调整资本公积(资本溢价或股本溢价)，资本公积(资本溢价或股本溢价)的余额不足冲减的，应冲减盈余公积和未分配利润。

【例 7.2】 P 公司和 S 公司为同一集团内两家全资子公司，20×9 年 6 月 30 日，P 公司向 S 公司的股东定向增发 1 000 万股普通股(每股面值为 1 元，市价为 10.85 元)对 S 公司进行吸收合并，并于当日取得 S 公司净资产。当日，S 公司资产、负债情况见表 7.2。假定 P 公司与 S 公司在合并前采用的会计政策相同。

表 7.2　资产负债表(简表)

20×9 年 6 月 30 日

单位：万元

项　目	S 公司	
	账面价值	公允价值
资产：		
货币资金	450	450
存货	255	450
应收账款	2 000	2 000
长期股权投资	2 150	3 800
固定资产：		
固定资产原价	3 000	5 500
无形资产	500	1 500

续表 7.2

20×9 年 6 月 30 日　　　　单位:万元

项　目	S 公司	
	账面价值	公允价值
商誉	0	0
资产总计	8 355	13 700
负债和所有者权益:		
短期借款	2 250	2 250
应付账款	300	300
其他负债	300	300
负债合计	2 850	2 850
实收资本(股本)	2 500	
资本公积	1 500	
盈余公积	500	
未分配利润	1 005	
所有者权益合计	5 505	10 850
负债和所有者权益总计	8 355	13 700

P 公司对该项合并应进行的会计处理为:

借:货币资金	4 500 000
库存商品(存货)	2 550 000
应收账款	20 000 000
长期股权投资	21 500 000
固定资产	30 000 000
无形资产	5 000 000
贷:短期借款	22 500 000
应付账款	3 000 000
其他应付款(其他负债)	3 000 000
股本	10 000 000
资本公积	45 050 000

3. 合并方为进行企业合并发生的有关费用的处理

合并方为进行企业合并发生的有关费用,指合并方为进行企业合并发生的各项直接相关费用,如为进行企业合并支付的审计费用、进行资产评估的费用以及有关的法律咨询费用等增量费用。

同一控制下企业合并进行过程中发生的各项直接相关的费用，应于发生时费用划计入当期损益。借记"管理费用"等科目，贷记"银行存款"等科目。但以下两种情况除外：

（1）以发行债券方式进行的企业合并，与发行债券相关的佣金、手续费等应计入负债的初始计量金额中。其中债券如为折价发行的，该部分费用应增加折价的金额；债券如为溢价发行的，该部分费用应减少溢价的金额。

（2）发行权益性证券作为合并对价的，与所发行权益性证券相关的佣金、手续费等应自所发行权益性证券的发行收入中扣减，在权益性工具发行有溢价的情况下，自溢价收入中扣除，在权益性证券发行无溢价或溢价金额不足以扣减的情况下，应当冲减盈余公积和未分配利润。

二、非同一控制下企业合并的会计处理

（一）非同一控制下企业合并的处理原则

非同一控制下的企业合并，是参与合并的一方购买另一方或多方的交易，基本处理原则是购买法。

1. 确定企业合并成本

企业合并成本包括购买方为进行企业合并支付的现金或非现金资产、发行或承担的债务、发行的权益性证券等在购买日的公允价值以及企业合并中发生的各项直接相关费用。

非同一控制下企业合并中发生的与企业合并直接相关的费用，包括为进行合并而发生的会计审计费用、法律服务费用、咨询费用等，应当计入企业合并成本。与同一控制下企业合并进行过程中发生的有关费用相一致，这里所称合并中发生的各项直接相关费用，不包括与为进行企业合并发行的权益性证券或发行的债务相关的手续费、佣金等，该部分费用应比照本章关于同一控制下企业合并中类似费用的原则处理，即应抵减权益性证券的溢价发行收入或是计入所发行债务的初始确认金额。

2. 企业合并成本在取得的可辨认资产和负债之间的分配

非同一控制下的企业合并中，通过企业合并交易，购买方无论是取得对被购买方生产经营决策的控制权还是取得被购买方的全部净资产，从本质上看，取得的均是对被购买方净资产的控制权，视合并方式的不同，控股合并的情况下，购买方在其个别财务报表中应确认所形成的对被购买方的长期股权投资，该长期股权投资所代表的是购买方在合并中取得的对被购买方各项资产、负债中享有的份额，具体体现在合并财务报表中应列示的有关资产、负债的价值；吸收合并的情况下，合并中取得的被购买方各项可辨认资产、负债等直接体现为购买方账簿及个别财务报表中的资产、负债项目。

3. 企业合并成本与合并中取得的被购买方可辨认净资产公允价值份额差额的处理

购买方对于企业合并成本与确认的可辨认净资产公允价值份额的差额，应视情况分别处理：

(1)企业合并成本大于合并中取得的被购买方可辨认净资产公允价值份额的差额应确认为商誉。视企业合并方式的不同,控股合并的情况下,该差额是指在合并财务报表中应予列示的商誉,即长期股权投资的成本与购买日按照持股比例计算确定应享有被购买方可辨认净资产公允价值份额之间的差额;吸收合并的情况下,该差额是购买方在其账簿及个别财务报表中应确认的商誉。

商誉代表的是合并中取得的由于不符合确认条件未予确认的资产以及被购买方有关资产产生的协同效应或合并盈利能力。

商誉在确认以后,持有期间不要求摊销,企业应当按照《企业会计准则第 8 号——资产减值》的规定对其价值进行测试,按照账面价值与可收回金额孰低的原则计量,对于可收回金额低于账面价值的部分,计提减值准备,有关减值准备在提取以后,不能够转回。

(2)企业合并成本小于合并中取得的被购买方可辨认净资产公允价值份额的部分,应计入合并当期损益。

该种情况下,购买方首先要对合并中取得的资产、负债的公允价值、作为合并对价的非现金资产或发行的权益性证券等的公允价值进行复核,如果复核结果表明所确定的各项资产和负债的公允价值确定是恰当的,应将企业合并成本低于取得的被购买方可辨认净资产公允价值份额之间的差额,计入合并当期的营业外收入,并在会计报表附注中予以说明。

与商誉的确认相同,在吸收合并的情况下,上述企业合并成本小于合并中取得的被购买方可辨认净资产公允价值份额的差额,应计入购买方的合并当期的个别利润表;在控股合并的情况下,上述差额应体现在合并当期的合并利润表中,不影响购买方的个别利润表。

4. 购买日合并财务报表的编制

非同一控制下的企业合并中形成母子公司关系的,购买方一般应于购买日编制合并资产负债表,反映其于购买日开始能够控制的经济资源情况。在合并资产负债表中,合并中取得的被购买方各项可辨认资产、负债应以其在购买日的公允价值计量,长期股权投资的成本大于合并中取得的被购买方可辨认净资产公允价值份额的差额,体现为合并财务报表中的商誉;长期股权投资的成本小于合并中取得的被购买方可辨认净资产公允价值份额的差额,应计入合并利润表中作为合并当期损益。因购买日不需要编制合并利润表,该差额体现在合并资产负债表上,应调整合并资产负债表的盈余公积和未分配利润。

(二)会计处理

1. 非同一控制下的控股合并

非同一控制下的企业合并中,购买方取得对被购买方控制权的,在购买日应当按照确定的企业合并成本(不包括应自被投资单位收取的现金股利或利润),作为形成的对被购买方长期股权投资的初始投资成本,借记"长期股权投资"科目,按享有投资单位已宣告但尚未发放的现金股利或利润,借记"应收股利"科目,按支付合并对价的账面价值,贷记有关资产或借记有关负债科目,按发生的直接相关费用,贷记"银行存款"等科目,按其差额,贷记"营业外收入"

或借记“营业外支出”等科目。

购买方为取得对被购买方的控制权,以支付非货币性资产为对价的,有关非货币性资产在购买日的公允价值与其账面价值的差额,应作为资产的处置损益,计入合并当期的利润表。其中,以库存商品等作为合并对价的,应按库存商品的公允价值贷记“主营业务收入”科目,并同时结转相关的成本。

【例7.3】 沿用【例7.2】的有关资料,P公司在该项合并中发行1 000万股普通股(每股面值1元),市场价格为8.75元,取得了S公司70%的股权。购买方于购买日编制合并资产负债表时应进行的会计处理如下:

(1)确认长期股权投资。

借:长期股权投资　　8 750

　贷:股本　　1 000

　　资本公积——股本溢价　　7 750

(2)计算确定商誉。

假定S公司除已确认资产外,不存在其他需要确认的资产及负债,则P公司首先计算合并中应确认的合并商誉:

合并商誉=企业合并成本-合并中取得被购买方可辨认净资产公允价值份额=8 750-10 850×70% =1 155(万元)

(3)编制抵销分录。

借:存货　　450-255=195

　长期股权投资　　3 800-2 150=1 650

　固定资产　　5 500-3 000=2 500

　无形资产　　1 500-500=1 000

　贷:资本公积　　5 345

借:实收资本　　2 500

　资本公积　　6 845

　盈余公积　　500

　未分配利润　　1 005

　商誉　　8 750-10 850×70% =1 155

　贷:长期股权投资　　8 750

　　少数股东权益　　10 850×30% =3 255

2.非同一控制下的吸收合并

非同一控制下的吸收合并,购买方在购买日应当将合并中取得的符合确认条件的各项资产、负债,按其公允价值确认为本企业的资产和负债;作为合并对价的有关非货币性资产在购买日的公允价值与其账面价值的差额,应作为资产的处置损益计入合并当期的利润表;确定的企业合并成本与所取得的被购买方可辨认净资产公允价值的差额,视情况分别确认为商誉或是作为企业合并当期的损益计入利润表。其具体处理原则与非同一控制下的控股合并类似,不同点在于在非同一控制下的吸收合并中,合并中取得的可辨认资产和负债是作为个别报表中的项目列示,合并中产生的商誉也是作为购买方账簿及个别财务报表中的资产列示。

本章小结

1. 企业合并是将两个或两个以上单独的企业合并形成一个报告主体的交易或事项。

2. 企业合并从合并方式划分,包括控股合并、吸收合并和新设合并。我国的企业合并准则中将企业合并按照一定的标准划分为两大基本类型——同一控制下的企业合并与非同一控制下的企业合并。企业合并的类型划分不同,所遵循的会计处理原则也不同。

3. 同一控制下的企业合并,是指参与合并的企业在合并前后均受同一方或相同的多方最终控制且该控制并非暂时性的。

4. 非同一控制下的企业合并,是指参与合并各方在合并前后不受同一方或相同的多方最终控制的合并交易,即除判断属于同一控制下企业合并的情况以外其他的企业合并。

5. 同一控制下的企业合并的实质决定了其会计处理原则:合并方对企业合并所取得的净资产或股权投资,需要采用账面价值进行计量,不按公允价值调整;合并方所支付的对价按其账面价值确认,不确认转让损益;合并方取得的净资产或股权投资的账面价值与所支付对价的账面价值的差,需要调整所有者权益,不涉及商誉的确认。

6. 非同一控制下的企业合并,是参与合并的一方购买另一方或多方的交易,基本处理原则是购买法。企业合并成本包括购买方为进行企业合并支付的现金或非现金资产、发行或承担的债务、发行的权益性证券等在购买日的公允价值以及企业合并中发生的各项直接相关费用。

思考题

1. 什么是企业合并? 企业合并方式和类型各有几种?
2. 不同企业合并类型下,其会计处理的特点是什么?
3. 长期股权投资的成本确认在不同合并类型下有什么区别?

【案例分析】

2010年8月2日,浙江吉利控股集团有限公司(简称:吉利控股集团)宣布,已经完成对福特汽车公司旗下沃尔沃轿车公司的全部股权收购。吉利和福特在长达数年的接触与谈判后终于完成了收购交易。

吉利控股集团在2010年3月28日签署股权收购协议时宣布,同意以18亿美元的价格收购沃尔沃轿车公司,其中2亿美元以票据方式支付,其余以现金方式支付。

吉利控股集团为完成收购沃尔沃轿车公司开出了票据并支付了13亿美元现金,收购资金来自吉利控股集团、中资机构以及国际资本市场。此最终交易价格是根据收购协议针对养老金义务和运营资本等因素做出调整的结果。

在新的所有权下,沃尔沃轿车将会保留其瑞典总部以及在瑞典和比利时的生产基地,在董事会授权下,管理层将拥有执行商业计划的自主权。交易完成之后,雅克布先生将会加入由吉利控股集团董事长李书福先生担任董事长的沃尔沃轿车公司董事会。此外,董事会还将纳入几位新成员,其中包括将担任副董事长的汉斯-奥洛夫·奥尔森(Hans-Olov Olsson)先生。此前,汉斯-奥洛夫·奥尔森先生曾任沃尔沃轿车公司总裁兼首席执行官以及福特汽车公司的首席营销官。

问题:

1. 吉利与沃尔沃的合并属于何种方式的合并?

2. 合并日,购买方与被购买方应进行何种会计处理?

第八章

Chapter 8

合并财务报表的编制

【学习要点及目标】

通过本章的学习理解合并财务报表概念，了解合并财务报表种类和格式，理解合并财务报表的具体合并范围，掌握合并财务报表编制基础和编制程序，掌握合并财务报表内部交易抵销分录的编制。

【引导案例】

格林柯尔从2005年8月1日起停牌，于2007年5月18日退市，顾雏军资产从此灰飞烟灭。顾雏军从注册成立顺德格林柯尔的那一刻开始，就已经瞄准了科龙。他先是利用从科龙电器划拨的1.87亿元资金，采取反复对倒、反复划账的方式注册顺德格林柯尔，并使其从表面上符合《公司法》的相关出资规定。打造好了顺德格林柯尔这一购并平台后，科龙电器的梦魇从此开始。

从科龙的合并报表以及母公司报表可以看出，科龙有大额的资金被母公司（格林柯尔）侵占。2003年，科龙母公司报表中其他应收款达16亿元之巨，而合并报表中该项目仅为1.3亿元；2004年科龙母公司报表中其他应收款为17亿元，而合并报表中该项目仅为1.2亿元。如果投资者认真地分析一下这些奇怪的现象，就可以推断出格林柯尔严重侵占科龙资金的现象。根据毕马威的报告，科龙部分所属公司的资金与格林柯尔系公司的资金均是在无任何业务支持的情况下从银行账户被直接划拨的，现金流入流出总金额达75亿元之多。

第一节　合并财务报表概述

一、合并财务报表含义

合并财务报表是指反映母公司和其全部子公司形成的企业集团（以下简称企业集团）整体财务状况、经营成果和现金流量的财务报表。合并财务报表有利于避免一些母公司利用控制关系，财务情况的发生。

二、合并财务报表的特点

合并财务报表与个别财务报表（指企业单独编制的财务报表，为了与合并财务报表相区别，将其称之为个别财务报表）相比，主要有以下几点区别：

1. 反映对象不同

合并财务报表反映的是企业集团整体的财务状况、经营成果和现金流量状况，反映的对象是通常由若干个法人（包括母公司和其全部子公司）组成的会计主体，是经济意义上的主体，而不是法律意义上的主体；个别财务报表反映的是单个企业法人的财务状况、经营成果和现金流量状况，反映的对象是企业法人，既是经济意义上的会计主体，又是法律意义上的主体。

2. 编制主体不同

合并财务报表的编制者或主体是母公司，也就是说，并不是企业集团中所有企业都必须编制合并财务报表。而个别财务报表是由独立的法人企业所编制，所有企业都需要编制个别财务报表。

3. 编制基础不同

合并财务报表以个别财务报表为基础编制。企业编制个别财务报表，从设置账簿、审核凭证、编制凭证、登记会计账簿到编制财务报表，都有一套完整的会计核算方法体系。

4. 编制方法不同

合并财务报表是在对纳入合并范围的母公司和其全部子公司的个别财务报表的数据进行加总的基础上，在合并工作底稿中通过编制抵销分录将内部交易对合并财务报表的影响予以抵销，然后按照合并财务报表的项目要求合并个别财务报表的各项目的数据编制。个别财务报表的编制有其自身固有的一套编制方法和程序。

三、合并财务报表的合并范围

合并财务报表是将企业集团作为一个会计主体而编制的财务报表，所以，编制合并财务报表时，首先需要界定合并财务报表的合并范围，即确定哪些被投资公司应当包括在合并财务报表的编制范围之内，哪些被投资公司不应该纳入合并财务报表范围。确定这一范围是正确编制合并财务报表的前提。

合并财务报表的合并范围应当以控制为基础价以确定。只要是由母公司控制的子公司，不论子公司的规模大小、子公司向母公司转移资金能力是否受到严格限制，也不论子公司的业务性质与母公司或企业集团内其他子公司是否有显著差别，都应当纳入合并财务报表的合并范围。

（一）纳入合并财务报表合并范围的情况

1. 母公司拥有其半数以上的表决权的被投资单位应当纳入合并财务报表的合并范围

（1）母公司直接拥有被投资单位半数以上表决权。

如图8.1所示，A公司拥有B公司100%表决权和C公司60%表决权，A公司在编制合并财务报表时，则必须将B公司和C公司纳入其合并范围。

（2）母公司间接拥有被投资单位半数以上表决权。

如图8.1所示，A公司拥有B公司100%表决权和C公司60%表决权，而B公司和C公司分别拥有E公司55%表决权、G公司70%表决权。在这种情况下，A公司作为母公司分别通过其子公司B公司和C公司，间接拥有E公司和G公司，从而E公司和G公司也是A公司的子公司，A公司编制合并财务报表时，也应当将E公司和G公司纳入其合并范围。

（3）母公司直接和间接方式合计拥有被投资单位半数以上表决权。

如图8.1所示，A公司拥有C公司60%的表决权和F公司30%的表决权，C公司拥有F公司40%的表决权。在这种情况下，A公司通过子公司C公司间接拥有F公司40%的表决权，与直接拥有30%的表决权合计，A公司共拥有F公司70%的表决权，从而F公司属于P公司的子公司，A公司编制合并财务报表时，也应当将F公司纳入其合并范围。

因此，A公司编制合并财务报表的合并范围应包括B公司、C公司、E公司、F公司和G公司。由于B公司只拥有D公司35%的股权，D公司不应纳入A公司的合并范围。

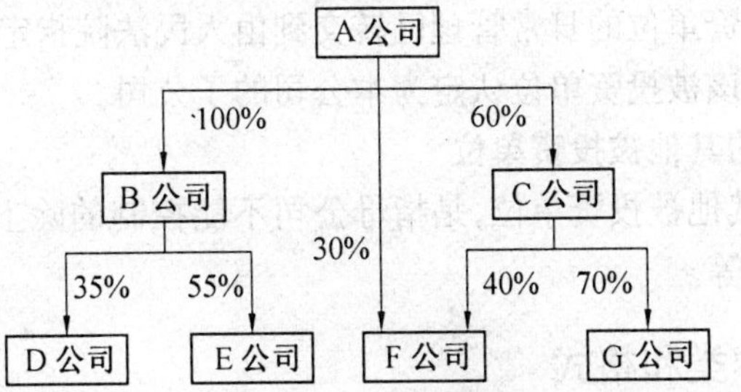

图8.1　企业集团

2. 母公司拥有其半数以下的表决权的被投资单位纳入合并财务报表的合并范围的情况

在母公司通过直接和间接方式没有拥有被投资单位半数以上表决权的情况下，如果母公司通过其他方式对被投资单位的财务和经营政策能够实施控制，这些被投资单位也应作为子公司纳入其合并范围。

(1)通过与被投资单位其他投资者之间的协议,拥有被投资单位半数以上表决权。在这种情况下,母公司对这一被投资单位的财务和经营政策拥有控制权,使该被投资单位成为事实上的子公司,为此必须将其纳入合并财务报表的合并范围。

(2)根据公司章程或协议,有权决定被投资单位的财务和经营政策。这种情况意味着母公司能够控制被投资单位的财务和经营政策,也就是等于能控制整个企业日常生产经营活动。从而使得该被投资单位成为事实上的子公司,应当纳入母公司的合并财务报表的合并范围。

(3)有权任免被投资单位的董事会或类似机构的多数(超过半数以上)成员。这种情况是指母公司能够通过任免被投资单位董事会的多数成员控制该被投资单位的日常生产经营活动,被投资单位成为事实上的子公司,从而应当纳入母公司的合并财务报表的合并范围。

(4)在被投资单位董事会或类似机构占多数(超过半数以上)表决权。在这种情况下,母公司能够主导公司董事会的经营决策,使该公司的生产经营活动在母公司的控制下进行,使被投资单位成为事实上的子公司。因此,也应当将其纳入母公司的合并财务报表的合并范围。

当母公司拥有被投资单位半数或以下的表决权满足上述四个条件之一时,合并报表准则视为母公司能够控制被投资单位,应当将该被投资单位认定为子公司,纳入合并财务报表的合并范围。

(二)不应纳入合并财务报表合并范围的情况

下列被投资单位不是母公司的子公司,不应当纳入母公司的合并财务报表的合并范围。

1. 已宣告被清理整顿的原子公司

在清算期间,被投资单位不得开展与清算无关的经营活动,因此,母公司不能再控制该被投资单位,不能将该被投资单位继续认定为本公司的子公司。

2. 已宣告破产的原子公司

在宣告破产后,被投资单位的日常管理已转交到由人民法院指定的管理人,母公司不能控制该被投资单位,不能将该被投资单位认定为本公司的子公司。

3. 母公司不能控制的其他被投资单位

母公司不能控制的其他被投资单位,是指母公司不能控制的除上述两种情形以外的其他被投资单位,如联营企业等。

四、合并财务报表的种类和格式

合并财务报表主要包括合并资产负债表、合并利润表、合并现金流量表和合并所有者权益变动表。

(一)合并资产负债表

合并资产负债表是反映企业集团在某一特定日期财务状况的财务报表,由合并资产、负债和所有者权益各项目组成。

合并资产负债表格式综合考虑了企业集团中一般工商企业和金融企业(包括商业银行、保险公司和证券公司等)的财务状况列报的要求,与个别资产负债表的格式基本相同,主要增加了四个项目:一是在"无形资产"项目之下增加了"商誉"项目,用于反映非同一控制下企业合并中取得的商誉,即在控股合并下母公司对子公司的长期股权投资(合并成本)大于其在购买日子公司可辨认净资产公允价值份额的差额。二是在所有者权益项目下增加了"归属于母公司所有者权益合计"项目,用于反映企业集团的所有者权益中归属于母公司所有者权益的部分,包括实收资本(或股本)、资本公积、库存股、盈余公积、未分配利润和外币报表折算差额等项目的金额。三是在所有者权益项目下,增加了"少数股东权益"项目,用于反映非全资子公司的所有者权益中不属于母公司的份额。四是在"未分配利润"项目之后,"归属于母公司所有者权益合计"项目之前,增加了"外币报表折算差额"项目,用于反映境外经营的资产负债表折算为人民币表示的资产负债表时所发生的折算差额中归属于母公司所有者权益的部分。合并资产负债表的一般格式见表8.1。

表8.1　合并资产负债表

会合01表

编制单位:　　　　　　　　　年　月　日　　　　　　　　　单位:万元

资　产	期末余额	年初余额	负债和所有者权益(或股东权益)	期末余额	年初余额
流动资产:			流动负债:		
货币资金			短期借款		
结算备付金			向中央银行借款		
拆出资金			吸收存款及同业存放		
交易性金融资产			拆入资金		
应收票据			交易性金融负债		
应收账款			应付票据		
预付款项			应付账款		
应收保费			预收款项		
应收分保账款			卖出回购金融资产款		
应收分保合同准备金			应付手续费及佣金		
应收利息			应付职工薪酬		
其他应收款			应交税费		
买入返售金融资产			应付利息		

续表 8.1

会合 01 表

编制单位：　　　　　　　　　　　　年　月　日　　　　　　　　　　单位:万元

资　产	期末余额	年初余额	负债和所有者权益（或股东权益）	期末余额	年初余额
存货			其他应付款		
1 年内到期非流动资产			应付分保账款		
其他流动资产			保险合同准备金		
流动资产合计			代理买卖证券款		
非流动资产：			代理承销证券款		
发放贷款及垫款			1 年内到期的非流动和负债		
可供出售金融资产			其他流动负债		
持有至到期投资			流动负债合计		
长期应收款			非流动负债：		
长期股权投资			长期借款		
投资性房地产			应付债券		
固定资产			长期应付款		
在建工程			专项应付款		
工程物资			预计负债		
固定资产清理			递延所得税负债		
生产性生物资产			其他非流动负债		
油气资产			非流动负债合计		
无形资产			负债合计		
开发支出			所有者权益（或股东权益）：		
商誉			实收资本（或股本）		
长期待摊费用			资本公积		
递延所得税资产			减:库存股		
其他非流动资产			盈余公积		
非流动资产合计			一般风险准备		
			未分配利润		

续表 8.1

会合 01 表

编制单位：　　　　　　　　　　年　月　日　　　　　　　　　　单位：万元

资　产	期末余额	年初余额	负债和所有者权益（或股东权益）	期末余额	年初余额
			外币报表折算差额		
			归属于母公司所有者权益合计		
			少数股东权益		
			所有者权益合计		
资产总计			负债和所有者权益总计		

(二)合并利润表

合并利润表是反映以企业集团在某一特定时期内的经营成果的财务报表。合并利润表的格式综合考虑了企业集团中一般工商企业和金融企业(包括商业银行、保险公司和证券公司)的经营成果列报的要求,与个别利润表的格式基本相同,主要增加了两个项目,即在“净利润”项目下增加“归属于母公司所有者的净利润”和“少数股东损益”两个项目,分别反映净利润中由母公司所有者所享有的份额和非全资子公司当期实现的净利润中属于少数股东权益的份额,即不属于母公司享有的份额。在属于同一控制下企业合并增加的子公司当期的合并利润表中还应在“净利润”项目之下增加“其中:被合并方在合并前实现的净利润”项目,用于反映同一控制下企业合并中取得的被合并方在合并日以前实现的净利润。合并利润表的一般格式的见表 8.2。

表 8.2　合并利润表

会合 02 表

编制单位：　　　　　　　　　　年度　　　　　　　　　　单位：万元

项　　目	本年金额	上年金额
一、营业总收入		
其中：营业收入		
利息收入		
保费净收入		
手续费及佣金收入		
二、营业总成本		

续表 8.2

会合 02 表

编制单位: 年度 单位:万元

项　　目	本年金额	上年金额
其中:营业成本		
利息支出		
手续费及佣金支出		
退保金		
赔付支出净额		
提取保险责任准备金净额		
保单红利支出		
分保费用		
营业税金及附加		
销售费用		
管理费用		
财务费用		
资产减值损失		
加:公允价值变动收益(损失以“-”号填列)		
投资收益(损失以“-”号填列)		
其中:对联营企业和合营企业的投资收益		
汇兑收益(损失以“-”号填列)		
三、营业利润(亏损以“-”号填列)		
加:营业外收入		
减:营业外支出		
其中:非流动资产处置损失		
四、利润总额(亏损总额以“-”号填列)		
减:所得税费用		
五、净利润(净亏损以“-”号填列)		
归属于母公司所有者的净利润		
少数股东损益		
六、每股收益		
(一)基本每股收益		
(二)稀释每股收益		

（三）合并现金流量表

合并现金流量表的格式综合考虑了企业集团中一般工商企业和金融企业（包括商业银行、保险公司和证券公司）的现金流入和现金流出列报的要求，与个别现金流量表的格式基本相同，主要增加了反映金融企业行业特点和经营活动现金流量项目。合并现金流量表的一般格式的见表8.3。

表8.3　合并现金流量表

会合03表

编制单位：　　　　年度　　　　单位：元

项　目	本年金额	上年金额
一、经营活动产生的现金流量：		
销售商品、提供劳务收到的现金		
客户存款和同业存放款项净增加额		
向中央银行借款净增加额		
向其他金融机构拆入资金净增加额		
收到原保险合同保费取得的现金		
收到再保险业务现金净额		
保户储金及投资款净增加额		
处置交易性金融资产净增加额		
收取利息、手续费及佣金净增加额		
拆入资金净增加额		
回购业务资金净增加额		
收到的税费返还		
收到其他与经营活动有关的现金		
经营活动现金流入小计		
购买商品、接受劳务支付的现金		
客户贷款及垫款净增加额		
存放中央银行和同业款项净增加额		
支付原保险合同赔付款项的现金		
支付利息、手续费及佣金的现金		
支付保单红利的现金		

续表 8.3

会合 03 表

编制单位：　　　　　　　　　　　　　年度　　　　　　　　　　　　　单位:元

项　　目	本年金额	上年金额
支付给职工以及为职工支付的现金		
支付的各项税费		
支付其他与经营活动有关的现金		
经营活动现金流出小计		
经营活动产生的现金流量净额		
二、投资活动产生的现金流量：		
收回投资收到的现金		
取得投资收益收到的现金		
处置固定资产、无形资产和其他长期资产收回的现金净额		
处置子公司及其他营业单位收到的现金净额		
收到其他与投资活动有关的现金		
投资活动现金流入小计		
购建固定资产、无形资产和其他长期资产支付的现金		
投资支付的现金		
质押贷款净增加额		
取得子公司及其他营业单位支付的现金净额		
支付其他与投资活动有关的现金		
投资活动现金流出小计		
投资活动产生的现金流量净额		
三、筹资活动产生的现金流量：		
吸收投资收到的现金		
其中：子公司吸收少数股东投资收到的现金		
取得借款收到的现金		
发行债券收到的现金		
收到其他与筹资活动有关的现金		

续表 8.3

会合 03 表

编制单位:　　　　　　　　　　　　　　年度　　　　　　　　　　　　　　单位:元

项　目	本年金额	上年金额
筹资活动现金流入小计		
偿还债务支付的现金		
分配股利、利润或偿付利息支付的现金		
其中:子公司支付给少数股东的股利、利润		
支付其他与筹资活动有关的现金		
筹资活动现金流出小计		
筹资活动产生的现金流量净额		
四、汇率变动对现金的影响		
五、现金及现金等价物净增加额		
加:年初现金及现金等价物余额		
六、年末现金及现金等价物余额		

(四)合并所有者权益变动表

合并所有者权益变动表的格式与个别所有者权益变动表的格式基本相同。所不同的是,在子公司存在少数股东的情况下,合并所有者权益变动表增加“少数股东权益”栏目,用于反映少数股东权益变动的情况。合并所有者权益变动表的一般格式的见表 8.4。

表8.4　合并所有者权益变动表

会合04表

编制单位：　　　　　　　　　　　　　年度　　　　　　　　　　　　　单位：元

项　目	本年金额									本年金额								
	归属于母公司所有者权益							少数股东权益	所有者权益合计	归属于母公司所有者权益							少数股东权益	所有者权益合计
	实收资本（或股本）	资本公积	减：库存股	盈余公积	一般风险准备	未分配利润	其他			实收资本（或股本）	资本公积	减：库存股	盈余公积	一般风险准备	未分配利润	其他		
一、上年年末余额																		
加：会计政策变更																		
前期差错更正																		
二、本年年初余额																		
三、本年增加变动金额（减少以“-”号填列）																		
（一）净利润																		
（二）直接计入所有者权益的利得和损失																		
1. 可供出售金融资产公允价值变动净额																		
2. 权益法下被投资单位其他所有者权益变动的影响																		
3. 与计入所有者权益项目相关的所得税影响																		
4. 其他																		

续表 8.4

会合 04 表

编制单位：　　　　　　　　　　年度　　　　　　　　　　单位：元

项目	本年金额									本年金额								
	归属于母公司所有者权益							少数股东权益	所有者权益合计	归属于母公司所有者权益							少数股东权益	所有者权益合计
	实收资本（或股本）	资本公积	减：库存股	盈余公积	一般风险准备	未分配利润	其他			实收资本（或股本）	资本公积	减：库存股	盈余公积	一般风险准备	未分配利润	其他		
上述（一）和（二）小计																		
（三）所有者投入和减少资本																		
1. 所有者投入资本																		
2. 股份支付计入所有者权益金额																		
3. 其他																		
（四）利润分配																		
1. 提取盈余公积																		
2. 提取一般风险准备																		
3. 对所有者（或股东）的分配																		
4. 其他																		
（五）所有者权益内部结转																		
1. 资本公积转增资本（或股本）																		

续表 8.4

会合 04 表

编制单位：　　　　　　　　　　　　年度　　　　　　　　　　　　单位：元

项目	本年金额									本年金额								
	归属于母公司所有者权益							少数股东权益	所有者权益合计	归属于母公司所有者权益							少数股东权益	所有者权益合计
	实收资本（或股本）	资本公积	减：库存股	盈余公积	一般风险准备	未分配利润	其他			实收资本（或股本）	资本公积	减：库存股	盈余公积	一般风险准备	未分配利润	其他		
2. 盈余公积转增资本（或股本）																		
3. 盈余公积弥补亏损																		
4. 其他																		
四、本年年末余额																		

第二节　合并财务报表的编制基础与程序

一、合并财务报表的编制基础

合并财务报表的编制涉及多个法人实体。为了使编制的合并财务报表准确、全面地反映企业集团的真实情况，必须确定好合并财务报表编制基础。主要包括以下几方面：

1. 对子公司的长期股权投资采用权益法核算

权益法是股权投资的核算方法之一，一般在投资企业对被投资企业具有共同控制或重大影响时采用。若投资企业对被投资企业具有控制权，母公司对子公司的长期股权投资应当采用成本法核算，在编制合并财务报表时，应当按照权益法进行调整。只有采用权益法调整后的情况下，母公司长期股权投资的账面价值才能反映其在子公司所有者权益中所拥有的份额，有利于合并财务报表的编制。

2. 统一母公司和子公司的会计政策

会计政策是企业进行会计核算和编制财务报表时所采用的会计原则、会计程序和会计处理方法，是编制财务报表的基础。母公司应当统一子公司所采用的会计政策，使子公司的会计政策与母公司保持一致。只有在母公司和各子公司个别财务报表中各项目反映的内容保持一致的情况下，才能对其进行加总，编制合并财务报表。

3. 统一母子公司的会计期间

财务报表是反映一定日期的财务状况和一定会计期间的经营成果和现金流量，母公司和子公司的个别财务报表只有在反映财务状况的日期和反映经营成果与现金流量的期间一致的情况下。因此，母公司应当统一子公司所采用的会计期间，使子公司的会计期间与母公司保持一致，才能以这些个别财务报表为基础编制合并财务报表。

4. 对子公司的外币财务报表进行折算

我国的记账本位币是人民币，同时允许以外币收支为主的企业，可以选用一种外币作为记账本位币，但编制财务报表时要折合成人民币。境外企业一般采用所在国的货币作为记账本位币。母公司在将这些境外子公司纳入合并范围时，必须将外币表示的个别财务报表折合成人民币表示的财务报表，在保证母公司和子公司货币计量单位一致的情况下才能进行合并。

二、合并财务报表的编制程序

合并财务报表涉及多个法人企业的个别财务报表，还须编制调整和抵销分录，其编制较为复杂，必须按照一定的编制程序进行。

(一)编制合并工作底稿

合并工作底稿的作用是为合并财务报表的编制提供基础。在合并工作底稿中，对母公司和子公司的个别财务报表各项目的金额进行汇总、调整和抵销处理，最终计算得出合并财务报表各项目的合并金额。一般情况下，合并利润表工作底稿和合并资产负债表工作底稿在一张工作底稿中，合并现金流量表的工作底稿需分别单独设置。合并工作底稿的格式参见表 8.4(合并现金流量表工作底稿的格式见表 8.5)。

表 8.5　合并财务报表工作底稿

单位:元

项　目	个别报表		合计数	调整分录		抵销分录		合计数
	母公司	子公司		借	贷	借	贷	
资产负债表项目								
……								
利润表项目								
……								
所有者权益变动表有关项目(涉及利润分配与未分配有关项目)								
……								

（二）将个别财务报表数据过入合并工作底稿

将母公司、子公司个别资产负债表、利润表等各项目的数据过入合并工作底稿，并在合并工作底稿中对母公司和子公司个别财务报表各项目的数据进行加总，计算得出个别资产负债表、利润表等各项目合计金额。

（三）编制调整分录和抵销分录

在合并工作底稿中编制调整分录和抵销分录，将内部交易对合并财务报表有关项目的影响进行调整和抵销处理，其目的在于将个别财务报表各项目的加总金额中重复的因素予以抵销。

在合并工作底稿中编制的调整分录和抵销分录，借记或贷记的均为财务报表项目（即资产负债表项目、利润表项目等），而不是具体的会计科目。比如，在涉及调整或抵销固定资产折旧、固定资产减值准备等均通过资产负债表中的“固定资产”项目，而不是“累计折旧”、“固定资产减值准备”等科目来进行调整和抵销。

（四）计算合并财务报表各项目的合并金额

在母公司和子公司个别财务报表各项目加总金额的基础上，分别计算出合并财务报表中各资产项目、负债项目、所有者权益项目、收入项目和费用项目等的合并金额。其计算方法如下：

（1）资产类各项目和费用类项目。

某项目合并金额=该项目加总金额+该项目调整、抵销分录有关的借方发生额-该项目调整、抵销分录有关的贷方发生额

（2）负债类各项目、所有者权益类各项目和收入类各项目。

某项目合并金额=该项目加总金额-该项目调整、抵销分录有关的借方发生额+该项目调整、抵销分录有关的贷方发生额

（五）填列合并财务报表

根据合并工作底稿中计算出的资产、负债、所有者权益、收入、费用类各项目的合并金额，填列生成正式的合并财务报表。

第三节　合并资产负债表的编制

合并资产负债表是反映企业集团在某一特定日期财务状况的财务报表，由合并资产、负债和所有者权益各项目组成。由于合并资产负债表以母公司和子公司的个别资产负债表为基础编制的，其中必然包括母公司与子公司、子公司与子公司之间的业务往来，站在企业集团的角度，上述往来属于内部交易，不应对企业集团的财务状况产生影响，但这些经济事项都体现在了母、子公司的个别财务报表中。因此，需要对这些因素进行抵销处理。这些需要扣除的因

素，就是合并财务报表编制时需要进行抵销处理的项目。另外，出于会计政策的要求及母、子公司之间会计政策的不同需要对个别财务报表进行调整，为编制合并财务报表奠定基础。

一、合并财务报表的调整事项

（一）对子公司的个别财务报表进行调整

在编制合并财务报表时，首先应对各子公司进行分类，分为同一控制下企业合并中取得的子公司和非同一控制下企业合并中取得的子公司两类。

1. 属于同一控制下企业合并中取得的子公司

对于属于同一控制下企业合并中取得的子公司的个别财务报表，如果不存在与母公司会计政策和会计期间不一致的情况，则不需要对该子公司的个别财务报表进行调整，只需要抵销内部交易对合并财务报表的影响即可。子公司采用的会计政策、会计期间与母公司不一致的情况下，则需要考虑重要性原则，按照母公司的会计政策和会计期间，对子公司的个别财务报表进行调整。

2. 属于非同一控制下企业合并中取得的子公司

对于属于非同一控制下企业合并中取得的子公司，除了存在与母公司会计政策和会计期间不一致的情况，需要对该子公司的个别财务报表进行调整外，还应当根据母公司为该子公司设置的备查簿的记录，以记录的该子公司的各项可辨认资产、负债及或有负债等在购买日的公允价值为基础，通过编制调整分录，对该子公司的个别财务报表进行调整，以使子公司的个别财务报表反映为在购买日公允价值基础上确定的可辨认资产、负债及或有负债在本期资产负债表日的金额。

（二）按权益法调整对子公司的长期股权投资

若母公司对子公司具有控制权，母公司对子公司的长期股权投资应当采用成本法核算，在编制合并财务报表时，应按照权益法调整对子公司的长期股权投资，使母公司"长期股权投资"的数额随着被投资企业所有者权益总额的变动而变动。在编制个别资产负债表时，对该业务体现为长期股权投资的增加。

（1）确认母公司在子公司本期实现净利润中所享有的份额。

借：长期股权投资

　贷：投资收益

（2）确认母公司收到子公司本期分派的现金股利，同时抵销原按成本法确认的投资收益。

借：投资收益

　贷：长期股权投资

（3）确认母公司在本期子公司除净损益以外所有者权益的其他变动中所享有的份额（假设为资本公积的增加额）。

借:长期股权投资

　贷:资本公积——其他资本公积

二、合并资产负债表的抵销处理

(一)母公司对子公司的长期股权投资与母公司在子公司所有者权益中所享有份额的抵销处理

母公司对子公司进行的长期股权投资,一方面反映为长期股权投资以外的其他资产的减少,另一方面反映为长期股权投资的增加,在母公司个别资产负债表中作为资产类项目中的长期股权投资列示。子公司接受这一投资时,一方面增加资产,另一方面作为实收资本(或股本,下同)处理,在其个别资产负债表中一方面反映为实收资本的增加,另一方面反映为相对应的资产的增加。

从企业集团整体来看,母公司对子公司进行的长期股权投资实际上相当于母公司将资本拨付下属核算单位,并不引起整个企业集团的资产、负债和所有者权益的增减变动。因此,编制合并财务报表时,应当在母公司与子公司财务报表数据简单相加的基础上,将母公司对子公司长期股权投资项目与子公司所有者权益项目予以抵销。

1. 子公司为全资子公司

全资子公司是指母公司拥有其100%股份的子公司。母公司对子公司长期股权投资的金额和子公司所有者权益各项目的金额应当全额抵销。

借:实收资本(子公司期末数)

　资本公积(子公司期末数)

　盈余公积(子公司期末数)

　未分配利润——年末

　商誉(差额)

　贷:长期股权投资(母公司对子公司的股权投资期末数)

当母公司对子公司长期股权投资的金额大于子公司所有者权益总额时,其差额作为商誉处理,应按其差额,借记“商誉”项目。

母公司对子公司长期股权投资的金额小于子公司所有者权益总额时,其差额在企业合并当期应作为利润表中的损益项目(营业外收入),合并以后期间应调整期初未分配利润。

应注意的是商誉只有在非同一控制下的企业合并中才能产生。

【例8.1】 2011年1月1日甲公司与乙公司进行合并(甲公司与乙公司为非同一控制下的企业合并)。合并后,甲公司拥有乙公司100%股权,并以现金支付对价。2011年1月1日,乙公司的实收资本为500万元,资本公积为100万元,盈余公积为50万元,未分配利润为150万元,存货评估增值为50万元。乙公司当年实现利润100万元,向股东支付了20万元的现金股利,提取盈余公积10万元。2011年甲公司应编制的调整与抵销分录如下(单位:万元):

2011 年 1 月 1 日,确认对乙公司的长期股权投资的初始成本

借:长期股权投资——乙公司　850

　贷:银行存款　850

2011 年 12 月 31 日,根据合并报表准则的规定,在合并工作底稿中将对乙公司的长期股权投资由成本法调整为权益法。有关调整分录如下:

借:长期股权投资——乙公司　100

　贷:投资收益——乙公司　100

借:投资收益——乙公司　20

　贷:长期股权投资——乙公司　20

2011 年 12 月 31 日,应编制的有关抵销分录如下:

借:实收资本　500

　资本公积　100

　盈余公积　60

　未分配利润　220

　商誉　50

　贷:长期股权投资　930

2. 子公司为非全资子公司

非全资子公司是指母公司未拥有其 100% 股份的子公司。母公司对子公司长期股权投资的金额与子公司所有者权益中母公司所享有的份额相抵销。子公司所有者权益中不属于母公司的份额,即子公司所有者权益中抵销母公司所享有的份额后的余额,在合并财务报表中作为“少数股东权益”处理,“少数股东权益”项目应当在“所有者权益”项目下单独列示。

借:实收资本(子公司期末数)

　资本公积(子公司期末数)

　盈余公积(子公司期末数)

　未分配利润——年末(子公司期末数)

　商誉(差额)

　贷:长期股权投资(母公司对子公司的股权投资期末数)

　　少数股东权益(子公司期末所有者权益合计×少数股东持股比例)

当母公司对子公司长期股权投资的金额与在子公司所有者权益中享有的份额不一致时,其差额比照全资子公司的情况处理。

【例 8.2】　沿用【例 8.1】资料,合并后,甲公司拥有乙公司 80% 股权。2011 年甲公司应编制的调整与抵销分录如下(单位:万元):

2011 年 1 月 1 日,确认对乙公司的长期股权投资的初始成本

借:长期股权投资——乙公司　680

贷:银行存款 680

2011 年 12 月 31 日,根据合并报表准则的规定,在合并工作底稿中将对乙公司的长期股权投资由成本法调整为权益法。有关调整分录如下:

借:长期股权投资——乙公司 80

贷:投资收益——乙公司 80

借:投资收益——乙公司 16

贷:长期股权投资——乙公司 16

2011 年 12 月 31 日,应编制的有关抵销分录如下:

借:实收资本 500

资本公积 100

盈余公积 60

未分配利润 220

商誉 50

贷:长期股权投资 744

少数股东权益 186

(二)母公司与子公司、子公司相互之间持有对方长期股权投资的投资收益的抵销处理

内部投资收益是指母公司对子公司或子公司对母公司、子公司相互之间的长期股权投资的收益,即母公司对子公司的长期股权投资在合并工作底稿中按权益法调整的投资收益,实际上就是子公司的税后净利润与母公司持股比例的乘积。在全资子公司的情况下,母公司的投资收益就是子公司本期的净利润;在非全资子公司的情况下,子公司的本期净利润包括母公司的投资收益和少数股东损益两部分。

编制合并利润表是以母公司和子公司的个别利润表为基础,将母子公司的营业收入、营业成本和期间费用等项目进行合并。母公司确认的内部投资收益是按子公司净利润计算的。因此必须要将母公司取得的内部投资收益予以抵销。

由于本年利润分配项目是站在整个企业集团角度,反映对母公司股东和子公司的少数股东的利润分配情况,因此,子公司的本年利润分配各项目的金额,包括提取盈余公积、对所有者(或股东)的分配和期末未分配利润的金额都必须予以抵销。

子公司个别财务报表中的期初未分配利润项目,也必须予以抵销。因为期初未分配利润作为子公司以前会计期间净利润的一部分,已全部或部分包括在母公司以前会计期间的投资收益中,从而包括在母公司的期初未分配利润项目中。为了避免子公司期初未分配利润的重复计算,要将子公司的期初未分配利润数额予以抵销。

【例 8.3】 沿用【例 8.1】资料, 2011 年甲公司应编制的抵销分录如下(单位:万元):

借:投资收益 100

未分配利润	150	
贷:提取盈余公积		10
应付普通股股利		20
未分配利润		220

1. 子公司为全资子公司

借:投资收益(子公司净利润)

未分配利润——年初(子公司年初未分配利润)

贷:提取盈余公积(子公司本期提取的盈余公积)

对所有者(股东)分配(子公司利润分配数,包括股票股利)

未分配利润——年末

2. 子公司为非全资子公司

借:投资收益(子公司调整后的净利润×母公司持股比例)

少数股东损益(子公司调整后的净利润×少数股东持股比例)

未分配利润——年初(子公司年初未分配利润)

贷:提取盈余公积(子公司本期提取的盈余公积)

对所有者(或股东)分配(子公司利润分配数)

未分配利润——年末

需要说明的是,在将母公司投资收益等项目与子公司本年利润分配项目抵销时,应将子公司个别所有者权益变动表中提取盈余公积的金额全额抵销,即通过贷记"提取盈余公积"、"对所有者(或股东)的分配"和"未分配利润——年末"项目,将其全部抵销。在当期合并财务报表中不需再将已经抵销的提取盈余公积的金额调整回来。

(三)内部债权与债务的抵销处理

母公司与子公司、子公司相互之间的债权和债务项目,是指母公司与子公司、子公司相互之间因销售商品、提供劳务以及发生结算业务等原因产生的应收账款与应付账款、应收票据与应付票据、预付账款与预收账款、其他应收款与其他应付款、持有至到期投资与应付债券等项目。发生在母公司与子公司、子公司相互之间的这些项目,企业集团内部企业的一方在其个别资产负债表中反映为资产,而另一方则在其个别资产负债表中反映为负债。但从企业集团整体角度来看,它只是内部资金运动,既不能增加企业集团的资产,也不能增加负债。因此,为了消除个别资产负债表直接加总中的重复计算因素,在编制合并财务报表时应当将内部债权债务项目予以抵销。

1. 应收账款与应付账款的抵销处理

在应收账款计提坏账准备的情况下,某一会计期间坏账准备的金额是以当期应收账款为基础计提的。在编制合并财务报表时,随着内部应收账款的抵销,与此相联系也须将内部应收账款计提的坏账准备予以抵销。

(1)初次编制合并财务报表时。

①内部应收账款抵销。

借:应付账款

贷:应收账款

②内部应收账款计提的坏账准备抵销。

借:应收账款——坏账准备

贷:资产减值损失

(2)连续编制合并财务报表时。

①内部应收账款抵销。

借:应付账款

贷:应收账款

②上期资产减值损失中抵销的内部应收账款计提的坏账准备抵销。

借:应收账款——坏账准备

贷:未分配利润——年初

③本期期末内部应收账款相对应的坏账准备增减变动的金额抵销。

借:应收账款——坏账准备(内部应收账款本期余额大于上期余额的抵销)

贷:资产减值损失

借:资产减值损失

贷:应收账款——坏账准备(即内部应收账款本期余额小于上期余额的抵销)

【例8.4】 集团公司母公司——甲公司对坏账损失的核算采用备抵法,按年末应收账款余额的0.5%计提坏账准备。2008年甲公司年末应收账款为100 000元,其中有30 000元为其子公司——乙公司的应付账款;2009年对乙公司的应收账款期末余额为50 000元;2010年对乙公司的应收账款期末余额为50 000元,2011年乙公司的应收账款期末余额为10 000元。甲公司需编制的抵销分录如下:

2008年末:

借:应付账款	30 000	
贷:应收账款		30 000
借:应收账款——坏账准备	150	
贷:资产减值损失		150

2009年末:

借:应付账款	50 000	
贷:应收账款		50 000
借:应收账款——坏账准备	150	
贷:未分配利润		150

借:应收账款——坏账准备　　100

　　贷:资产减值损失　　100

2010 年末:

借:应付账款　　50 000

　　贷:应收账款　　50 000

借:应收账款——坏账准备　　250

　　贷:未分配利润　　250

2011 年末:

借:应付账款　　10 000

　　贷:应收账款　　10 000

借:应收账款——坏账准备　　250

　　贷:未分配利润　　250

借:资产减值损失　　150

　　贷:应收账款——坏账准备　　150

　　　贷:管理费用

2. 内部预收账款与内部预付账款抵销处理

借:预收款项

　贷:预付款项

3. 内部应收票据与内部应付票据抵销处理

借:应付票据

　贷:应收票据

4. 内部持有至到期投资中债券投资与应付债券抵销处理

企业集团内部成员持有集团中另一成员发行的债券,购买债券一方可能作为“持有至到期投资核算”,已列入其他个别资产负债表中;发行债券一方作为“应付债券”核算,需要支付利息并到期还本,也已列入个别资产负债表中。但从企业集团这一会计主体角度考虑,内部债券的购买与发行,是资金在企业集团内部各成员之间的调拨,既不会增加企业集团的长期债权投资,也不会增加企业集团的长期负债,因此编制合并财务报表时须抵销内部债券的持有至到期投资中债券投资与应付债券。

(1)持有至到期投资中债券投资余额与应付债券余额相等。

借:应付债券

　贷:持有至到期投资

(2)持有至到期投资中债券投资余额大于应付债券余额。

借:应付债券

　投资收益

贷:持有至到期投资

(3)持有至到期投资中债券投资余额小于应付债券余额。

借:应付债券

贷:持有至到期投资

财务费用

(四)内部固定资产交易的抵销处理

内部固定资产交易是指企业集团内部发生交易的一方与固定资产有关的购销业务。对于企业集团内部固定资产交易,根据销售企业销售的是产品还是固定资产,可以将其划分为三种类型:第一种是企业集团内部企业将自身生产的产品销售给企业集团内的其他企业作为固定资产使用;第二种是企业集团内部企业将自身的固定资产出售给企业集团内的其他企业作为固定资产使用;第三种是企业集团内部企业将自身使用的固定资产出售给企业集团内的其他企业作为普通商品销售。第三种类型的固定资产交易,在企业集团内部发生的极少,一般情况下发生的金额也不大。

由于第一种类型的内部固定资产交易发生的比较多,也比较普通,因此,以下重点介绍这种类型的内部固定资产交易的抵销处理。

(1)交易当期的抵销。在这种情况下,购买企业购进的固定资产,在其个别资产负债表中以支付的价款作为该固定资产的原价列示。因此,首先就必须将该固定资产原价中包含的未实现内部销售损益予以抵销。其次,购买企业对该固定资产计提了折旧,折旧费计入相关资产的成本或当期损益。由于购买企业是以该固定资产的取得成本作为原价计提折旧,取得成本中包含未实现内部销售损益,在相同的使用寿命下,各期计提的折旧费要大于(或小于,下同)不包含未实现内部销售损益时计提的折旧费,因此还必须将当期多计提(或少计提,下同)的折旧额从该固定资产当期计提的折旧费中予以抵销。

①固定资产原价中包含的未实现内部销售损益的抵销。

借:营业收入(内部交易销售方的销售收入)

贷:营业成本(内部交易销售方的销售成本)

固定资产原价(未实现的利润)

②固定资产当期多计提的折旧费的抵销。

借:固定资产——累计折旧

贷:管理费用

【例8.5】 集团公司母公司于2009年6月末将产品A销售给其子公司——乙公司作为固定资产实用。A的售价120 000元,成本90 000元。乙公司预计A的使用年限10年(假定不考虑预计净残值),采用直线法计提折旧。甲公司需编制的抵销分录如下:

借:营业收入 120 000

贷:营业成本 90 000

固定资产原价　30 0000

借:固定资产——累计折旧　1 500

贷:管理费用　1 500

(2)以后会计期间的抵销。在以后会计期间该内部交易形成的固定资产仍然以原价在购买企业的个别资产负债表中列示,因此必须将原价中包含的未实现内部销售损益的金额予以抵销;相应地销售企业以前会计期间由于该内部交易实现销售利润,形成销售当期的净利润的一部分并结转到以后会计期间,在其个别所有者权益变动表中列示,由此必须将期初未分配利润中包含的该未实现内部销售损益予以抵销,以调整期初未分配利润的金额。其次,对于该固定资产在以前会计期间计提折旧而形成的期初累计折旧,由于将以前会计期间按包含未实现内部销售损益的原价为依据而多计提折旧的抵销,一方面必须按照以前会计期间累计多计提的折旧额抵销期初累计折旧;另一方面由于以前会计期间累计折旧抵销而影响到期初未分配利润,因此还必须调整期初未分配利润的金额。最后,该内部交易形成的固定资产在本期仍然计提了折旧,由于多计提折旧导致本期有关资产或费用项目增加并形成累计折旧,为此,一方面必须将本期多计提折旧而计入相关资产的成本或当期损益的金额予以抵销,另一方面将本期多计提折旧而形成的累计折旧额予以抵销。

①固定资产原价中包含的未实现利润对年初未分配利润的抵销。

借:未分配利润——年初

贷:固定资产原价

②固定资产以前会计期间多计提折旧的抵销。

借:固定资产——累计折旧

贷:未分配利润——年初

③固定资产本期多计提的折旧费的抵销。

借:固定资产——累计折旧

贷:管理费用

【例 8.6】　沿用【例 8.5】资料,2010 年甲公司需编制的抵销分录如下:

借:未分配利润　30 000

贷:固定资产原价　30 000

借:固定资产　1 500

贷:未分配利润　1 500

借:固定资产　30 000

贷:管理费用　30 000

(3)内部交易形成的固定资产在清理期间的抵销处理。对于销售企业来说,因该内部交易实现的利润,作为期初未分配利润的一部分结转到以后的会计期间,直到购买企业对该内部交易形成的固定资产进行清理的会计期间为止。从购买企业来说,对内部交易形成的固定资产进行清理的期间,在其个别财务报表中表现为固定资产价值的减少;该固定资产清理收入减去该固定资产账面价值以及有关清理费用后的余额,则在其个别利润表中以营业外收入(或营业外支出)项目列示。

在这种情况下,购买企业内部交易形成的固定资产实体已不复存在,包含未实现内部销售损益在内的该内部交易形成的固定资产的价值已全部转移到用其加工的产品价值或各期损益中去了,因此不存在未实现内部销售损益的抵销问题。从整个企业集团来说,随着该内部交易形成的固定资产的使用寿命届满,其包含的未实现内部销售损益也转化为已实现利润。但是,由于销售企业因该内部交易所实现的利润,作为期初未分配利润的一部分结转到购买企业对该内部交易形成的固定资产进行清理的会计期间为止,为此,必须调整期初未分配利润。其次,在固定资产进行清理的会计期间,如果仍计提了折旧,本期计提的折旧费中仍然包含多计提的折旧额,因此需要将多计提的折旧额予以抵销。

三、母公司在报告期内增减子公司在合并资产负债表中的反映

(一)母公司在报告期内增加子公司在合并资产负债表中的反映

合并报表准则规定,在编制合并资产负债表时,应当区分同一控制下的企业合并增加的子公司和非同一控制下的企业合并增加的子公司两种情况。

(1)因同一控制下企业合并增加的子公司,编制合并资产负债表时,应当调整合并资产负债表的期初数。

(2)因非同一控制下企业合并增加的子公司,不应当调整合并资产负债表中的期初数。

(二)母公司在报告期内处置子公司在合并资产负债表中的反映

在报告期内,母公司处置子公司可能因绝对或相对持股比例变化所产生,如降低投资比例,也可能由于其他原因不再控制原先的子公司。合并报表准则规定,母公司在报告期内处置子公司,编制合并资产负债表时,不应当调整合并资产负债表的期初数。

第四节　合并利润表的编制

合并利润表是反映企业集团一定会计期间经营成果的财务报表,由合并收入、费用和利润各项目组成。

合并利润表应当以母公司和子公司的个别利润表为基础,在抵销母公司与子公司、子公司相互之间发生的内部交易对合并利润表的影响后,由母公司合并编制。

利润表作为以单个企业为会计主体进行会计核算的结果,分别从母公司本身和子公司本身反映其在一定会计期间经营成果。在以母子公司个别利润表为基础计算的收入和费用等项目的加总金额中,也必然包含有重复计算的因素,因此,编制合并利润表时,也需要将这些重复

的因素予以剔除。

编制合并利润表时需要进行抵销处理的,主要有如下项目:

(1)内部营业收入和内部营业成本的抵销处理。

(2)内部投资收益(利息收入)和利息费用的抵销处理。

(3)购买企业内部购进商品作为固定资产、无形资产等资产使用时的抵销处理。

(4)内部应收款项计提的坏账准备等减值准备的抵销处理。

(5)母公司与子公司、子公司相互之间持有对方长期股权投资的投资收益的抵销处理。

一、合并资产负债表的抵销处理

(一)内部营业收入和内部营业成本的抵销处理

在企业集团内部母公司与子公司、子公司相互之间发生内部购销交易的情况下,母公司和子公司都从自身的角度,以自身独立的会计主体进行核算反映其损益情况。从销售企业来说,以其内部销售确认当期销售收入并结转相应的销售成本,计算当期内部销售商品损益。从购买企业来说,其购进的商品用于对外销售,可能出现以下三种情况:第一种情况是内部购进商品全部实现对外销售;第二种情况是内部购进的商品全部未实现销售,形成期末存货;第三种情况是内部购进的商品部分实现对外销售,部分形成期末存货。因此,对内部销售收入和内部销售成本进行抵销时,应分别不同的情况进行处理。

1. 内部购入的商品全部实现对外部销售的抵销

从销售企业来说,在本期确认销售收入、结转销售成本、计算销售商品损益;从对于购买企业来说,一方面要确认向企业集团外部企业的销售收入,另一方面要结转销售内部购进商品的成本,并确认销售损益。这也就是说,对于同一购销业务,在销售企业和购买企业的个别利润表中都作了反映。但从整个企业集团来看,这一购销业务只是实现了一次对外销售,其销售收入只是购买企业向企业集团外部企业销售该产品的销售收入,其销售成本只是销售企业向购买企业销售该商品的成本。销售企业向购买企业销售该商品实现的收入属于内部销售收入,相应地,购买企业向企业集团外部企业销售该商品的销售成本则属于内部销售成本。因此在编制合并利润表时,就必须将重复反映的内部营业收入与内部营业成本予以抵销,其购销关系如图8.2所示。

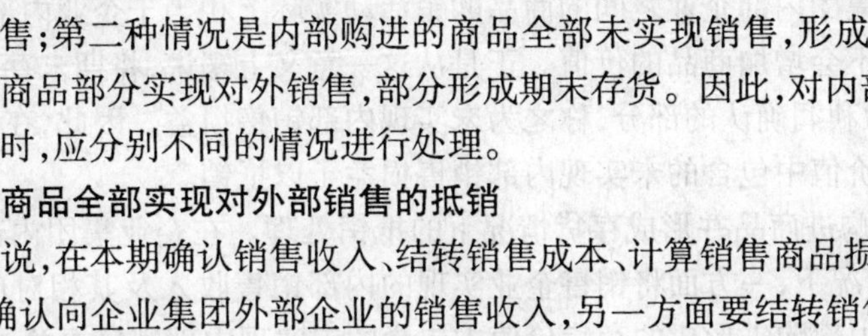

图8.2　集团内部购入商品全部实现对外销售

借:营业收入 M

　贷:营业成本 M

【例 8.7】　集团公司母公司于 2009 年将产品 B 销售给其子公司——乙公司。B 的售价 150 000 元,成本 100 000 元。乙公司将所购商品以 200 000 元的价格销售给集团外公司。2009 年甲公司需编制的抵销分录如下:

借:营业收入　　150 000

　贷:营业成本　　150 000

2. 内部购入的商品全部未实现对外销售的抵销

存货价值中包含的未实现内部销售损益是由于企业集团内部商品购销、劳务提供活动所引起的。在内部购销活动中,销售企业将集团内部销售作为收入确认并计算销售利润。而购买企业则是以支付购货的价款作为其成本入账;在本期内未实现对外销售而形成期末存货时,其存货价值中也相应地包括两部分内容:一部分为真正的存货成本(即销售企业销售该商品的成本),另一部分为销售企业的销售毛利(即其销售收入减去销售成本的差额)。对于期末存货价值中包括的这部分销售毛利,从企业集团整体来看,并不是真正实现的利润。因为从整个企业集团来看,集团内部企业之间的商品购销活动实际上相当于企业内部物资调拨活动,既不会实现利润,也不会增加商品的价值。正是从这一意义上来说,将期末存货价值中包括的这部分销售企业作为利润确认的部分,称之为未实现内部销售损益。因此,在编制合并资产负债表时,应当将存货价值中包含的未实现内部销售损益予以抵销。

(1)当期内部购进商品并形成存货情况下的抵销处理。在企业集团内部购进并且在会计期末形成存货的情况下,一方面将销售企业实现的内部销售收入及其相对应的销售成本予以抵销,另一方面将内部购进形成的存货价值中包含的未实现内部销售损益予以抵销,其购销关系如图 8.3 所示。

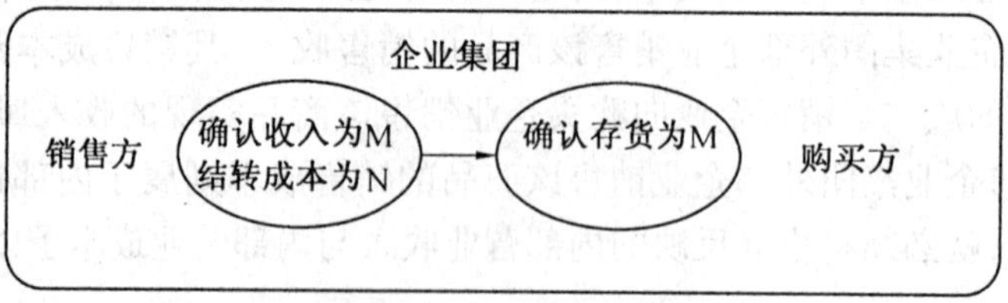

图 8.3　集团内部购入商品全部未实现对外销售

借:营业收入 M(内部交易销售方的销售收入)

　贷:营业成本 N(内部交易销售方的销售成本)

　　存货 M-N(内部交易销售方的利润)

【例 8.8】　集团公司母公司于 2009 年将产品 B 销售给其子公司——乙公司。B 的售价 150 000 元,成本 100 000 元。乙公司当期未将所购商品销售。2009 年甲公司需编制的抵销分录如下：

借：营业收入　　150 000

　贷：营业成本　　100 000

　　存货　　50 000

(2)连续编制合并财务报表时内部购进商品的抵销处理。对于上期内部购进商品全部实现对外销售的情况下，由于不涉及内部存货价值中包含的未实现内部销售损益的抵销处理，在本期连续编制合并财务报表时不涉及对其进行处理的问题。但在上期内部购进并形成期末存货的情况下，在编制合并财务报表进行抵销处理时，存货价值中包含的未实现内部销售损益的抵销，直接影响上期合并财务报表中合并净利润金额的减少，最终影响合并所有者权益变动表中期末未分配利润的金额的减少。

在连续编制合并财务报表的情况下，首先必须将上期抵销的存货价值中包含的未实现内部销售损益对本期期初未分配利润的影响予以抵销，调整本期期初未分配利润的金额；然后再对本期内部购进存货进行抵销处理。

①上期的存货价值中包含的未实现内部销售损益对本期期初未分配利润的影响的抵销。

借：未分配利润——年初（前期内部交易未实现的利润）

　贷：营业成本（前期内部交易未实现的利润，上期存货在末期实现销售）或存货（前期内部交易未实现利润，上期存货于本期仍未实现销售）

②本期发生内部购销商品，形成的存货中未实现内部销售损益的抵销。

借：营业收入（内部交易销售方的销售收入）

　贷：营业成本（内部交易销售方的销售成本）

　　存货（内部交易销售利润）

【例8.9】　集团公司母公司于2009年将产品B销售给其子公司——乙公司。B的售价150 000元，成本100 000元。乙公司当期未将所购商品销售。2010年甲公司又向乙公司出售一批B产品，售价80 000元，成本60 000元。年末乙公司仍未出售所购B产品。2010年母公司需编制的抵销分录如下：

借：未分配利润　　50 000

　贷：存货　　50 000

借：营业收入　　80 000

　贷：营业成本　　60 000

　　存货　　20 000

3. 内部购入的商品部分实现对外销售的抵销处理

内部购进的商品部分实现对外销售、部分形成期末存货的情况，可以将内部购买的商品分解为两部分来理解：一部分为当期购进并全部实现对外销售；另一部分为当期购进但未实现对外销售而形成期末存货。

借:营业收入(内部交易销售方的销售收入)

贷:营业成本(内部交易销售方的销售成本)

借:营业成本(内部交易购买方当期期末存货价值中包含的未实现内部销售损益的金额)

贷:存货(内部交易购买方当期期末存货价值中包含的未实现内部销售损益的金额)

(二)内部投资收益(利息收入)和利息费用的抵销处理

在企业集团内部提供信贷的情况下,提供贷款的企业将利息收入确认为“投资收益”,而接受贷款的企业则将支付的利息费用确认为“财务费用”(假定不存在资本化的情况)。在编制合并财务报表时,应当在抵销内部发行的应付债券和持有至到期投资等内部债权债务的同时,将内部应付债券和持有至到期投资相关的利息费用与投资收益(利息收入)相互抵销。

借:投资收益

贷:财务费用

(三)购买企业内部购进商品作为固定资产、无形资产等资产使用时的抵销处理

本部分内容参见合并资产负债表中内部固定资产交易的抵销处理。

(四)内部应收款项计提的坏账准备等减值准备的抵销处理

本部分内容参见合并资产负债表中应收账款与应付账款的抵销处理。

(五)母公司与子公司、子公司相互之间持有对方长期股权投资的投资收益的抵销

本部分内容参见合并资产负债表中母公司与子公司、子公司相互之间持有对方长期股权投资的投资收益的抵销处理。

二、母公司在报告期内增减子公司在合并利润表中的反映

(一)母公司在报告期内增加子公司在合并利润表中的反映

在企业合并发生当期的期末和以后会计期间,母公司应当根据合并报表准则的规定编制合并利润表。合并报表准则规定,在编制合并利润表时,应当区分同一控制下的企业合并增加的子公司和非同一控制下的企业合并增加的子公司两种情况。

(1)因同一控制下企业合并增加的子公司,在编制合并利润表时,应当将该子公司合并当期期初至报告期末的收入、费用、利润纳入合并利润表。

(2)因非同一控制下企业合并增加的子公司,在编制合并利润表时,应当将该子公司购买日至报告期末的收入、费用、利润纳入合并利润表。

(二)母公司在报告期内处置子公司在合并利润表中的反映

母公司在报告期内处置子公司,应当将该子公司期初至处置日的收入、费用、利润纳入合并利润表。

第五节　合并现金流量表的编制

合并现金流量表是综合反映母公司及其所有子公司组成的企业集团在一定会计期间现金和现金等价物流入和流出的报表。

合并现金流量表的编制原理、编制方法和编制程序与合并资产负债表、合并利润表的编制原理、编制方法和编制程序相同,即首先编制合并工作底稿,将母公司和所有子公司的个别现金流量表各项目的数据全部过入同一合并工作底稿;然后根据当期母公司与子公司以及子公司相互之间发生的影响其现金流量增减变动的内部交易,编制相应的抵销分录,通过抵销分录将个别现金流量表中重复反映的现金流入量和现金流出量予以抵销;最后,在此基础上计算出合并现金流量表的各项目的合并金额,并填制合并现金流量表。

合并现金流量表补充资料,既可以以母公司和所有子公司的个别现金流量表为基础,在抵销母公司与子公司、子公司相互之间发生的内部交易对合并现金流量表的影响后进行编制,也可以直接根据合并资产负债表和合并利润表进行编制。

一、编制合并现金流量表时应进行抵销处理的项目

(一)企业集团内部当期以现金投资或收购股权增加的投资所产生的现金流量的抵销处理

母公司直接以现金对子公司进行的长期股权投资或以现金从子公司的其他所有者(即企业集团内的其他子公司)处收购股权,表现为母公司现金流出,在母公司个别现金流量表作为投资活动现金流出列示。子公司接受这一投资(或处置投资)时,表现为现金流入,在其个别现金流量表中反映为筹资活动的现金流入(或投资活动的现金流入)。从企业集团整体来看,母公司以现金对子公司进行的长期股权投资实际上相当于母公司将资本拨付下属核算单位,并不引起整个企业集团的现金流量的增减变动。因此,编制合并现金流量表时,应当在母公司与子公司现金流量表数据简单相加的基础上,将母公司当期以现金对子公司长期股权投资所产生的现金流量予以抵销。

(二)企业集团内部当期取得投资收益收到的现金与分配股利、利润或偿付利息支付的现金的抵销处理

母公司对子公司进行长期股权投资和债权投资,在持有期间收到子公司分派的现金股利(利润)或债券利息,表现为现金流入,在母公司个别现金流量表中作为取得投资收益收到的现金列示。子公司向母公司分派现金股利(利润)或支付债券利息,表现为现金流出,在其个别现金流量表中反映为分配股利、利润或偿付利息支付的现金。从整个企业集团来看,这种投资收益的现金收支,并不引起整个企业集团的现金流量的增减变动。因此,编制合并现金流量

表时，应当在母公司与子公司现金流量表数据简单相加的基础上，将母公司当期取得投资收益收到的现金与子公司分配股利、利润或偿付利息支付的现金予以抵销。

（三）企业集团内部以现金结算债权与债务所产生的现金流量的抵销处理

母公司与子公司、子公司相互之间当期以现金结算应收账款或应付账款等债权与债务，表现为现金流入或现金流出，在母公司个别现金流量表中作为收到其他与经营活动有关的现金或支付其他与经营活动有关的现金列示，在子公司个别现金流量表中作为支付其他与经营活动有关的现金或收到其他与经营活动有关的现金列示。从整个企业集团来看，这种现金结算债权与债务，并不引起整个企业集团的现金流量的增减变动。因此，编制合并现金流量表时，应当在母公司与子公司现金流量表数据简单相加的基础上，将母公司与子公司、子公司相互之间当期以现金结算债权与债务所产生的现金流量予以抵销。

（四）企业集团内部当期销售商品所产生的现金流量的抵销处理

母公司向子公司当期销售商品（或子公司向母公司销售商品或子公司相互之间销售商品，下同）所收到的现金，表现为现金流入，在母公司个别现金流量表中作为销售商品、提供劳务收到的现金列示。子公司向母公司支付购货款，表现为现金流出，在其个别现金流量表中反映为购买商品、接受劳务支付的现金。从整个企业集团来看，这种内部商品购销现金收支，并不会引起整个企业集团的现金流量的增减变动。因此，编制合并现金流量表时，应当在母公司与子公司现金流量表数据简单相加的基础上，将母公司与子公司、子公司相互之间当期销售商品所产生的现金流量予以抵销。

（五）企业集团内部处置固定资产等收回的现金净额与购建固定资产等支付的现金的抵销处理

母公司向子公司处置固定资产等非流动资产，表现为现金流入，在母公司个别现金流量表中作为处置固定资产、无形资产和其他长期资产收回的现金净额列示。子公司表现为现金流出，在其个别现金流量表中反映为购建固定资产、无形资产和其他长期资产支付的现金。从整个企业集团来看，这种固定资产处置与购置的现金收支，并不会引起整个企业集团的现金流量的增减变动。因此，编制合并现金流量表时，应当在母公司与子公司现金流量表数据简单相加的基础上，将母公司与子公司、子公司相互之间处置固定资产、无形资产和其他长期资产收回的现金净额与购建固定资产、无形资产和其他长期资产支付的现金相互抵销。

二、母公司在报告期内增减子公司在合并现金流量表中的反映

（一）母公司在报告期内增加子公司在合并现金流量表中的反映

母公司因追加投资等原因控制了另一个企业即实现了企业合并。在企业合并发生当期的期末和以后会计期间，母公司应当根据合并报表准则的规定编制合并现金流量表。在编制合并现金流量表时，应当区分同一控制下的企业合并增加的子公司和非同一控制下的企业合并

增加的子公司两种情况。

(1)因同一控制下企业合并增加的子公司,在编制合并现金流量表时,应当将该子公司合并当期期初至报告期末的现金流量纳入合并现金流量表。

(2)因非同一控制下企业合并增加的子公司,在编制合并现金流量表时,应当将该子公司购买日至报告期末的现金流量纳入合并现金流量表。

(二)母公司在报告期内处置子公司在合并现金流量表中的反映

母公司在报告期内处置子公司,应将该子公司期初至处置日的现金流量纳入合并现金流量表。

三、合并现金流量表中有关少数股东权益项目的反映

合并现金流量表编制与个别现金流量表相比,一个特殊的问题就是在子公司为非全资子公司的情况下,涉及子公司与其少数股东之间的现金流入和现金流出的处理问题。

对于子公司与少数股东之间发生的现金流入和现金流出,从整个企业集团来看,也影响到其整体的现金流入和流出数量的增减变动,必须在合并现金流量表中予以反映。子公司与少数股东之间产生的影响现金流入和现金流出的经济业务包括:少数股东对子公司增加权益性投资、少数股东依法从子公司中抽回权益性投资、子公司向其少数股东支付现金股利或利润等。为了便于企业集团合并财务报表使用者了解掌握企业集团现金流量的情况,有必要将与子公司少数股东之间的现金流入和现金流出的情况单独予以反映。

对于子公司的少数股东增加在子公司中的权益性投资,在合并现金流量表中应当在“筹资活动产生的现金流量”之下的“吸收投资收到的现金”项目下的“其中:子公司吸收少数股东投资收到的现金”项目反映。

对于子公司向少数股东支付现金股利或利润,在合并现金流量表中应当在“筹资活动产生的现金流量”之下的“分配股利、利润或偿付利息支付的现金”项目下的“其中:子公司支付给少数股东的股利、利润”项目反映。

对于子公司的少数股东依法抽回在子公司中的权益性投资,在合并现金流量表应当在“筹资活动产生的现金流量”之下的“支付其他与筹资活动有关的现金”项目反映。

第六节　合并所有者权益变动表的编制

合并所有者权益变动表是反映构成企业集团所有者权益的各组成部分当期的增减变动情况的财务报表。

编制合并所有者权益变动表时需要进行抵销处理的项目,主要有如下项目:

(1)母公司对子公司的长期股权投资与母公司在子公司所有者权益中所享有的份额相互抵销,其抵销处理参见本章第三节有关“长期股权投资与子公司所有者权益的抵销处理”的内

容。

(2)母公司与子公司、子公司相互之间持有对方长期股权投资的投资收益应当抵销,其抵销处理参见本章第三节有关"母公司与子公司、子公司相互之间持有对方长期股权投资的投资收益抵销处理"的内容。

第七节 合并财务报表的编制实务

一、企业基本情况

华山股份有限公司(以下简称华山公司)对W贸易有限责任公司(以下简称W公司)投资的有关资料如下。

(一)基本资料

华山公司为了扩大生产经营,扩大市场份额,经股东大会批准实施了一系列投资交易。2010年1月1日,华山公司用银行存款4 000万元购得W公司80%的股份。华山公司备查簿中记录的W公司在2010年1月1日可辨认资产、负债及或有负债的公允价值的资料见表8.6。

表8.6 华山公司备查簿——W公司

编制单位:W公司　　　　2010年1月1日　　　　单位:万元

资　产	账面价值	公允价值	公允价值与账面价值的差额	备　注
流动资产	5 200	5 200		
非流动资产	1 700	1 800	100	
其中:固定资产—办公楼	400	500	100*	该办公楼的剩余折旧年限为20年,采用年限平均法计提折旧
资产总计	6 900	7 000	100	
流动负债	1 600	1 600		
非流动负债	800	800		
负债合计	2 400	2 400		
股本	3 000	3 000		
资本公积	1 500	1 600	100	办公楼公允价值与账面价值的差额

续表 8.6

编制单位:W 公司　　　　　　　　2010 年 1 月 1 日　　　　　　　　单位:万元

资　　产	账面价值	公允价值	公允价值与账面价值的差额	备　　注
盈余公积	0	0		
未分配利润	0	0		
股东权益合计	4 500	4 600	100	
负债和股东权益总计	6 900	7 000	100	

华山公司和 W 公司不属于同一控制下的两个公司。

(二)2010 年度内部交易和财务报表

(1)1 月 10 日,W 公司向华山公司销售 A 产品取得的销售收入 400 万元,该产品销售成本为 320 万元,款项已存入银行。华山公司在本年将购进的该产品全部未实现对外销售而形成存货。

(2)6 月 30 日,W 公司向华山公司销售 B 产品,销售价格为 500 万元,销售成本为 300 万元,开具票面金额为 500 万元的商业承兑汇票。华山公司购买该产品作为管理用固定资产使用。假设华山公司对该固定资产按 5 年的使用寿命采用年限平均法计提折旧,预计净残值为 0。

(3)8 月 12 日,W 公司向华山公司销售 C 产品取得的销售收入 350 万元,该产品销售成本为 300 万元,本年款项尚未收到。华山公司在本期将该产品全部售出,其销售收入为 500 万元,销售成本为 350 万元。

(4)9 月 22 日,W 公司购入华山公司发行的 3 年期债券 200 万元,准备持有至到期,款项已支付。不考虑 W 公司持有的债券与华山公司发行债券的差额。

(5)12 月 6 日,W 公司收到华山公司购买 A 产品的预收款 100 万元,款项已存入银行,本年产品尚未发出。

2010 年度财务报表如下:

表 8.7 资产负债表(简表)

会企 01 表

编制单位:华山公司　　2010 年 12 月 31 日　　单位:万元

资　产	期末余额	年初余额	负债和所有者权益(或股东权益)	期末余额	年初余额
流动资产:			流动负债:		
货币资金	1 200	3 100	应付票据	900	1 000
应收票据	1 500	800	其中:应付 W 公司票据	500	
应收账款	1 600	1 500	应付账款	3 400	2 400
预付款项	670		其中:应付 W 公司账款	350	
其中:预付 W 公司账款	100		预收款项	500	600
存货	1 200	4 800	应付职工薪酬	800	1 800
其中:向 W 公司购入存货	450		应交税费	600	1 300
			流动负债合计	6 200	7 100
			非流动负债:		
流动资产合计	6 170	10 200	长期借款	2 000	2 000
非流动资产:			应付债券	800	200
可供出售金融资产			其中:应付 W 公司债券	200	
持有至到期投资	500	200	非流动负债合计	2 800	2 200
长期股权投资	4 000		负债合计	9 000	9 300
其中:持有 W 公司投资	4 000		所有者权益(或股东权益):		
固定资产	5 600	5 200	实收资本(或股本)	5 400	5 400
其中:向 W 公司购入固定资产	480		资本公积	900	800
无形资产	960	800	盈余公积	740.5	430
			未分配利润	1189.5	470
非流动资产合计	11 060	6 200	所有者权益合计	8 230	7 100
资产总计	17 230	16 400	负债和所有者权益总计	17 230	16 400

表 8.8　资产负债表(简表)

会企 01 表

编制单位:W 公司　　2010 年 12 月 31 日　　单位:万元

资　产	期末余额	年初余额	负债和所有者权益（或股东权益）	期末余额	年初余额
流动资产:			流动负债:		
货币资金	600	200	应付票据	300	250
应收票据	500	680	应付账款	700	600
其中:应收华山公司票据	500		预收款项	200	150
应收账款	860	800	其中:预收华山公司账款	100	
其中:应收华山公司账款	332.5		应付职工薪酬	180	400
预付款项	500	900	应交税费	160	200
存货	1 300	2 620	流动负债合计	1 540	1 600
			非流动负债:		
流动资产合计	3 760	5 200	长期借款	715	800
非流动资产:			应付债券		
可供出售金融资产	800	500	非流动负债合计	695	800
持有至到期投资	600		负债合计	2 235	2 400
其中:持有华山公司债券	200		股东权益:		
长期股权投资			股本	3 000	3 000
固定资产	2 400	1 200	资本公积	1 600	1 500
无形资产			其中:可供出售金融资产公允价值变动	100	
			盈余公积	172.5	0
			未分配利润	552.5	0
非流动资产合计	3 800	1 700	股东权益合计	5 325	4 500
资产总计	7 560	6 900	负债和股东权益总计	7 560	6 900

表 8.9 利润表(简表)

会企 02 表

2010 年度　　单位:万元

项目	华山公司	W 公司
一、营业收入	9 200	6 800
减:营业成本	4 820	4 170
营业税金及附加	320	150
销售费用	20	15
管理费用	308	20
财务费用	377.5	122.5
资产减值损失		17.5
加:公允价值变动收益(损失以"-"号填列)		
投资收益(损失以"-"号填列)	800	
二、营业利润(亏损以"-"号填列)	4 154.5	2 305
加:营业外收入		
减:营业外支出	14.5	5
三、利润总额(亏损总额以"-"号填列)	4 140	2 300
减:所得税费用	1 035	575
四、净利润(净亏损以"-"号填列)	3 105	1 725
五、其他综合收益		100
六、综合收益总额	3 105	1 825

2010 年,W 公司实现净利润 1 725 万元,提取法定公积金 172.5 万元,向华山公司分派现金股利 800 万元,向其他股东分派现金股利 200 万元,未分配利润为 552.5 万元。

(三)2011 年度内部交易和会计报表

(1)1 月 30 日,华山公司开具给 W 公司的商业承兑汇票 500 万元已到期,款项已存入银行。

(2)5 月 10 日,W 公司向华山公司销售 A 产品取得的销售收入 600 万元,该产品销售成本为 480 万元,款项已收到,其中 100 万元与上年预收。华山公司在本年将购进的该产品全部未实现对外销售而形成存货。

(3)6 月 30 日,华山公司将 2010 年 6 月 11 日购进的其账面价值 130 万元某项固定资产以 120 万元的价格出售给 W 公司仍作为管理用固定资产使用。假设 W 公司以 120 万元作为该项固定资产的成本入账，W 公司对该固定资产按 5 年的使用寿命采用年限平均法计提折旧，预计净残值为 0。

(4)9 月 23 日，收到华山公司发行的 3 年期债券利息 20 万元。假定该债券的票面利率与实际利率相差较小。

(5)华山公司备查簿中记录的 W 公司在 2011 年 1 月 1 日可辨认资产、负债及或有负债的公允价值的资料见表 8.10。

表 8.10　华山公司备查簿——W 公司

编制单位：W 公司　　　　2011 年 1 月 1 日　　　　单位：万元

资　　产	账面价值	公允价值	公允价值与账面价值的差额	备　　注
流动资产	3 760	3 760		
非流动资产	3 800	3 895	95	
其中：固定资产—办公楼	400	495	95*	该办公楼的剩余折旧年限为 19 年，采用年限平均法计提折旧
资产总计	7 560	7 655	95	
流动负债	1 540	1 540		
非流动负债	695	695		
负债合计	2 235	2 235		
股本	3 000	3 000		
资本公积	1 600	1 695	95	办公楼公允价值与账面价值的差额
盈余公积	172.5	172.5		
未分配利润	552.5	552.5		
股东权益合计	5 325	5 420	95	
负债和股东权益合计	7 560	7 655	95	

(6)2011 年，W 公司实现净利润 2 456 万元，提取法定公积金 245.6 万元，向华山公司分派现金股利 1 200 万元，向其他股东分派现金股利 300 万元，未分配利润为 710.4 万元。

(7)2011 年 12 月 31 日，W 公司股东权益总额为 6 281 万元，其中股本为 3 000 万元，资本公积为 1 600 万元，盈余公积为 418.1 万元，未分配利润为 1 262.9 万元。

二、编制W公司个别报表调整分录和内部交易抵销分录

（一）2010年W公司个别报表调整分录和年度内部交易抵销分录

根据华山公司备查簿中记录的W公司可辩认资产、负债在购买日的公允价值资料，调整W公司的净利润。

W公司办公楼公允价值高于账面价值的差额为100万元（500-400），按年限平均法每年应补计提的折旧额为5万元（100÷20）。

（1）借：管理费用　　50 000

　　贷：固定资产——累计折旧　　50 000

在合并工作底稿中将对W公司的长期股权投资由成本法调整为权益法，有关调整分录如下：

以W公司2010年1月1日各项可辨认资产等的公允价值为基础，抵销未实现内部销售损益后，重新确定的W公司2010年的净利润为1 420万元（1 725-（400-320）-（500-300）+20-5）。确认华山公司在W公司2010年实现净利润中所享有的份额1 136万元（1 420×80%）。

（2）借：长期股权投资——W公司　　11 360 000

　　贷：投资收益——W公司　　11 360 000

确认华山公司收到W公司2010年分派的现金股利，同时抵销原按成本法确认的投资收益800万元。

（3）借：投资收益——W公司　　8 000 000

　　贷：长期股权投资——W公司　　8 000 000

确认华山公司在本期W公司除净损益以外所有者权益的其他变动中所享有的份额80万元（资本公积的增加额100万元×80%）

（4）借：长期股权投资——W公司　　800 000

　　贷：资本公积——其他资本公积——W公司　　800 000

2010年12月31日华山公司对W公司长期股权投资按权益法调整增加的长期股权投资416万元（1 136-800+80），对W公司长期股权投资经调整后的金额为4 416万元（投资成本4 000万元+权益法调整增加的长期股权投资416万元），W公司经调整的股东权益总额中所享有的金额5 120万元（股东权益账面余额5 325万元-调整前未分配利润552.5万元+（调整后净利润1 420万元-分配的现金股利1 000万元-按调整前净利润计提的盈余公积172.5万元）+办公楼购买日公允价值高于账面价值的差额100万元）。W公司股东权益中20%的部分，即1 024万元（5 120×20%）属于少数股东权益。

商誉=华山公司购买日（2011年1月1日）支付的企业合并成本4 000万元-（W公司2011年1月1日所有者权益总额4 500万元+W公司固定资产公允价值增加100万元）×

80% =320 万元。

(5)借:股本　30 000 000

资本公积——年初　16 000 000

资本公积——本年　1 000 000

盈余公积——年初　0

盈余公积——本年　1 725 000

未分配利润——年末　2 475 000

商誉　3 200 000

贷:长期股权投资　44 160 000

少数股东权益　10 240 000

华山公司按权益法调整的 W 公司本年投资收益为 1 136 万元(1 420×80%),W 公司本年少数股东损益为 284 万元(1 420×20%)。W 公司年初未分配利润为 0 元,W 公司本年提取盈余公积 172.5 万元、分派现金股利 1 000 万元、未分配利润 247.5 万元(1 420-1 000-172.5)。

(6)借:投资收益　11 360 000

少数股东损益　2 840 000

未分配利润——年初　0

贷:提取盈余公积　1 725 000

对所有者(或股东)的分配　10 000 000

未分配利润——年末　2 475 000

内部购进商品并形成存货的抵销分录:

(7)借:营业收入　4 000 000

贷:营业成本　4 000 000

(8)借:营业成本　80 000

贷:存货　80 000

内部交易形成的固定资产在购入当期的抵销分录:

(9)借:营业收入　5 000 000

贷:营业成本　3 000 000

固定资产——原价　2 000 000

(10)借:固定资产——累计折旧　200 000

贷:管理费用　200 000

内部应收票据与内部应付票据抵销分录:

(11)借:应付票据　5 000 000

贷:应收票据　5 000 000

内部购进商品全部实现销售的抵销分录:

(12)借:营业收入 3 500 000

贷:营业成本 3 500 000

内部应收账款与内部应付账款抵销分录:

(13)借:应付账款 3 500 000

贷:应收账款 3 500 000

(14)借:应收账款——坏账准备 175 000

贷:资产减值损失 175 000

持有至到期投资中债券投资与应付债券抵销分录:

(15)借:应付债券 2 000 000

贷:持有至到期投资 2 000 000

内部预收账款与内部预付账款抵销分录:

(16)借:预收账款 1 000 000

贷:预付账款 1 000 000

(二)2011 年度内部交易抵销分录

根据华山公司备查簿中记录的 W 公司可辨认资产、负债在购买日的公允价值资料,调整 W 公司的净利润。

W 公司办公楼公允价值高于账面价值的差额为 95 万元(495-400),按年限平均法每年应补计提的折旧额为 5 万元(95÷19)。

(1)借:管理费用 50 000

贷:固定资产——累计折旧 50 000

在合并工作底稿中将对 W 公司的长期股权投资由成本法调整为权益法,有关调整分录如下:

以 W 公司 2011 年 1 月 1 日各项可辨认资产等的公允价值为基础,抵销未实现内部销售损益后,重新确定的 W 公司 2011 年的净利润为 2 380 万元(2 456-(600-480)+(130-120)-1+40-5)。确认华山公司在 2011 年 W 公司实现净利润 2 310 万元中所享有的份额 1 904 万元(2 380×80%)。

(2)借:长期股权投资——W 公司 19 040 000

贷:投资收益——W 公司 19 040 000

确认华山公司收到 W 公司 2011 年分派的现金股利,同时抵销原按成本法确认的投资收益 1 200 万元。

(3)借:投资收益——W 公司 12 000 000

贷:长期股权投资——W 公司 12 000 000

确认华山公司在本期 W 公司除净损益以外所有者权益的其他变动中所享有的份额 76 万元(资本公积的增加额 95 万元×80%)

(4)借:长期股权投资——W公司　760 000
　贷:资本公积——其他资本公积——W公司　760 000

2011年12月31日华山公司对W公司长期股权投资按权益法调整增加的长期股权投资1 116万元(1 136+1 904-800-1 200+76),对W公司长期股权投资经调整后的金额为5 116万元(投资成本4 000万元+权益法调整增加的长期股权投资1 116万元),W公司经调整股东权益中所享有的金额5 995万元(股东权益账面余额6 281万元-调整前未分配利润1 262.9万元+(上年调整后净利润1 420万元-上年分配的现金股利1 000万元-按上年调整前净利润计提的盈余公积172.5万元)+(本年调整后净利润2 380万元-本年分配的现金股利1 500万元-按本年调整前净利润计提的盈余公积245.6万元)+办公楼公允价值高于账面价值的差额95万元)。W公司本年股东权益增加额中20%的部分,即1 199万元(5 995×20%),属于少数股东权益。

(5)借:股本　30 000 000
　资本公积——年初　16 950 000
　盈余公积——年初　1 725 000
　盈余公积——本年　2 456 000
　未分配利润——年初　2 475 000
　未分配利润——本年　6 344 000
　商誉　3 200 000
　贷:长期股权投资　51 160 000
　　少数股东权益　11 990 000

华山公司按权益法调整的W公司本年投资收益为1 904万元(2 380×80%),W公司本年少数股东损益为476万元(2 380×20%)。W公司年初未分配利润为247.5万元,W公司本年提取盈余公积245.6万元、分派现金股利1 500万元、未分配利润634.4万元(2 380-1 500-245.6)。

(6)借:投资收益　19 040 000
　少数股东损益　4 760 000
　未分配利润——年初　2 475 000
　贷:提取盈余公积　2 456 000
　　对所有者(或股东)的分配　15 000 000
　　未分配利润——年末　8 819 000

内部购进商品并形成存货的抵销分录:

(7)借:营业收入　6 000 000
　贷:营业成本　6 000 000

(8)借:营业成本　200 000

贷:存货 200 000

(9)借:未分配利润——年初 800 000

贷:营业成本 800 000

连续编制合并财务报表时内部交易形成固定资产的抵销分录:

(10)借:未分配利润——年初 2 000 000

贷:固定资产——原价 2 000 000

(11)借:固定资产——累计折旧 200 000

贷:未分配利润——年初 200 000

(12)借:固定资产——累计折旧 400 000

贷:管理费用 400 000

华山公司将其自用的固定资产出售给 W 公司:

(13)借:固定资产——原价 100 000

贷:营业外支出 100 000

(14)借:固定资产——累计折旧 10 000

贷:管理费用 10 000

内部应收账款与内部应付账款抵销分录:

(15)借:应付账款 3 500 000

贷:应收账款 3 500 000

(16)借:应收账款——坏账准备 175 000

贷:未分配利润——年初 175 000

持有至到期投资中债券投资与应付债券抵销分录:

(17)借:应付债券 2 000 000

贷:持有至到期投资 2 000 000

(18)借:投资收益 200 000

贷:财务费用 200 000

(三)编制合并工作底稿

表 8.11 合并工作底稿(简表)

2010 年

单位:万元

项目	华山公司			W 公司			合计金额	抵销分录		少数股东权益	合并金额
	报表金额	借方	贷方	报表金额	借方	贷方		借方	贷方		
利润表项目											
营业收入	9 200			6 800			16 000	(7)400 (9)500 (12)350			14 750
营业成本	4 820			4 170			8 990	(8)80	(7)400 (9)300 (12)350		8 020
营业税金及附加	320			150			470				470
销售费用	20			15			35				35
管理费用	308			20	(1)5		333		(10)20		313
财务费用	377.5			122.5			500				500
资产减值损失				17.5			17.5		(14)17.5		0
投资收益	800	(3)800	(2)1 136				1 136	(6)1 136			0
营业利润	4 154.5	800	1 136	2 305	5		6 790.5	2 466	1 087.5		5 412
营业外支出	14.5			5			19.5				19.5
利润总额	4 140	800	1 150	2 300	5		6785	2 480	1 087.5		5 392.5
所得税费用	1 035			575			1 610				1 610
净利润	3 105	800	1 150	1 725	5		5 175	2 480	1 087.5		3 782.5

续表 8.11

2010 年

单位:万元

项目	华山公司			W 公司			合计金额	抵销分录		少数股东权益	合并金额
	报表金额	借方	贷方	报表金额	借方	贷方		借方	贷方		
少数股东权益										(6)284	284
归属于母公司所有者的净利润											3 498.5
其他综合收益				100			100				100
综合收益总额	3 105	800	1 150	1 825	5		5 275	2 480	1 087.5		3 882.5
归属于母公司所有者的综合收益总额											3 578.5
归属于少数股东的综合收益总额											304
资产负债表项目											
流动资产:											
货币资金	1 200			600			1 800				1 800
应收票据	1 500			500			2 000		(11)500		1 500
其中:应收华山公司票据				500			500		(11)500		0
应收账款	1 600			860			2 460	(14)17.5	(13)350		2 127.5
其中:应收华山公司账款				332.5			332.5	(14)17.5	(13)350		0
预付款项	670			500			1 170		(16)100		1 070

续表 8.11

2010 年

单位:万元

项目	华山公司			W 公司			合计金额	抵销分录		少数股东权益	合并金额
	报表金额	借方	贷方	报表金额	借方	贷方		借方	贷方		
其中:预付 W 公司账款	100						100		(16)100		0
存货	1 200			1 300			2 500		(8)80		2 420
其中:向 W 公司购入存货	400						400		(8)80		320
流动资产合计	6 170			3 760			9 930	17.5	1 030		8 917.5
非流动资产:											
可供出售金融资产				800			800				800
持有至到期投资	500			600			1 100		(15)200		900
其中:持有华山公司债券				200			200		(15)200		0
长期股权投资:	4 000	(2)1 136 (4)80	(3)800				4 416		(5)4 416		0
其中:持有 W 公司投资	4 000	(2)1 136 (4)80	(3)800				4 416		(5)4 416		0
固定资产	5 600			2 400	100	(1)5	8 095	(10)20	(9)200		7 915
其中:W 公司——办公楼				400	100①	(1)5	495				495
向 W 公司购入固定资产	480						480	(10)20	(9)200		300

①此金额由表 8.6 华山公司备查簿中记录的"公允价值与账面价值的差额"中 100 元直接转入。

续表 8.11

2010 年

单位:万元

项　目	华山公司			W 公司			合计金额	抵销分录		少数股东权益	合并金额
	报表金额	借方	贷方	报表金额	借方	贷方		借方	贷方		
向华山公司购入固定资产											
无形资产	960						960				960
商誉								(5)320			320
非流动资产合计	11 060	1 216	800	3 800	100	5	15 371	340	4 816		10 895
资产总计	17 230	1 216	800	7 560	100	5	25 301	357.5	5 846		19 812.5
流动负债:											
应付票据	900			300			1 200	(11)500			700
其中:应付 W 公司票据	500						500	(11)500			0
应付账款	3 400			700			4 100	(13)350			3 750
其中:应付 W 公司账款	350						350	(13)350			0
预收款项	500			200			700	(16)100			600
其中:预收华山公司账款				100			100	(16)100			0
应付职工薪酬	800			180			980				980
应交税费	600			160			760				760
流动负债合计	6 200			1 540			7 740	950			6 790
非流动负债:											

续表 8.11

2010 年

单位：万元

项　目	华山公司			W 公司			合计金额	抵销分录		少数股东权益	合并金额
	报表金额	借方	贷方	报表金额	借方	贷方		借方	贷方		
长期借款	2 000			695			2 695				2 695
应付债券	800						800	(15)200			600
其中：应付 W 公司债券	200						200	(15)200			0
非流动负债合计	2 800			695			3 495	200			3 295
负债合计	9 000			2 235			11 235	1 150			10 085
所有者权益（或股东权益）：											
实收资本（或股本）	5 400			3 000			8 400	(5)3 000			5 400
资本公积	900		(4)80	1 600		100①	2 680	(5)1 700			980
其中：可供出售金融资产公允价值变动				100			100	100			0
盈余公积	740.5			172.5			913	(5)172.5			740.5

①此金额由表 8.6 华山公司备查簿中记录的“公允价值与账面价值的差额”中 100 元直接转入。

续表 8.11

2010 年

单位:万元

项目	华山公司			W 公司			合计金额	抵销分录		少数股东权益	合并金额
	报表金额	借方	贷方	报表金额	借方	贷方		借方	贷方		
未分配利润	1 189.5	(3)800	(2)1 150	552.5	(1)5		2073	(5)247.5 (6)1 136 (6)0 (7)400 (8)80 (9)500 (12)350 2 713.5	(6)172.5 (6)1 000 (6)247.5 (7)400 (9)300 (10)20 (12)350 (14)17.5 2 507.5	(6)284	1 583
少数股东权益										(5)1 024	1 024
所有者权益合计	8 230	800	1 216	5 325	5	100	14 066	7 586	2 507.5	740	9 727.5
负债和所有者权益总计	17 230	800	1 216	7 560	5	100	25 301	8 736	2 507.5	740	19 812.5

(四)编制合并资产负债表和利润表

表 8.12　合并资产负债表

会合 01 表

编制单位:华山股份有限公司　　2010 年 12 月 31 日　　单位:万元

资　　产	期末余额	年初余额	负债和所有者权益（或股东权益）	期末余额	年初余额
流动资产:			流动负债:		
货币资金	1 800		短期借款		
交易性金融资产			应付票据	700	
应收票据	1 500		应付账款	3 750	
应收账款	2 127.5		预收款项	600	
预付款项	1 070		应付职工薪酬	980	
应收利息			应交税费	760	
其他应收款			应付利息		
存货	2 420		其他应付款		
1 年内到期非流动资产			1 年内到期的非流动和负债		
其他流动资产			其他流动负债	6 790	
流动资产合计	8 917.5		流动负债合计		
非流动资产:			非流动负债:		
可供出售金融资产	800		长期借款	2 695	
持有至到期投资	900		应付债券	600	
长期股权投资			长期应付款		
投资性房地产			专项应付款		
固定资产	7 915		预计负债		
在建工程			递延所得税负债		
工程物资			其他非流动负债		
固定资产清理			非流动负债合计	3 295	
生产性生物资产			负债合计	10 085	
无形资产	960		所有者权益(或股东权益):		

续表 8.12

会合 01 表

编制单位:华山股份有限公司　　2010 年 12 月 31 日　　单位:万元

资　　产	期末余额	年初余额	负债和所有者权益（或股东权益）	期末余额	年初余额
开发支出			实收资本(或股本)	5 400	
商誉	320		资本公积	980	
长期待摊费用			减:库存股		
递延所得税资产			盈余公积	740.5	
其他非流动资产			未分配利润	1 583	
非流动资产合计	10 895		归属于母公司所有者权益合计	8 703.5	
			少数股东权益	1 024	
			所有者权益合计	9 727.5	
资产总计	19 812.5		负债和所有者权益总计	19 812.5	

表 8.13　合并利润表

会合 02 表

编制单位:华山股份有限公司　　2010 年度　　单位:万元

项　　目	本年金额	上年金额
一、营业总收入	14 750	
其中:营业收入	14 750	
二、营业总成本	9 338	
其中:营业成本	8 020	
营业税金及附加	470	
销售费用	35	
管理费用	313	
财务费用	500	
资产减值损失		
加:公允价值变动收益(损失以“-”号填列)		
投资收益(损失以“-”号填列)		

续表 8.13

会合 02 表

编制单位:华山股份有限公司　　2010 年度　　单位:万元

项　目	本年金额	上年金额
其中:对联营企业和合营企业的投资收益		
汇兑收益(损失以“-”号填列)		
三、营业利润(亏损以“-”号填列)	5 412	
加:营业外收入		
减:营业外支出	19.5	
其中:非流动资产处置损失		
四、利润总额(亏损总额以“-”号填列)	5 392.5	
减:所得税费用	1 610	
五、净利润(净亏损以“-”号填列)	3 782.5	
归属于母公司所有者的净利润	3 498.5	
少数股东损益	284	
六、每股收益		
(一)基本每股收益		
(二)稀释每股收益		

本章小结

1. 现金流量表是反映企业在一定会计期间的现金和现金等价物流入和流出情况的报表,属于动态报表。

2. 现金流量表将企业现金流量分为三类,即经营活动产生的现金流量、投资活动产生的现金流量和筹资活动产生的现金流量。

3. 我国企业现金流量表采用报告式结构,分类反映经营活动产生的现金流量、投资活动产生的现金流量和筹资活动产生的现金流量,最后汇总反映企业某一期间现金及现金等价物的净增加额。我国企业现金流量表包括正表和补充资料两部分。

4. 现金流量表的编制基础是现金及现金等价物,按照收付实现制原则编制,将权责发生制下的盈利信息调整为收付实现制下的现金流量信息。

5. 现金流量表编制要求,主要包括分类填报、总额列报、特殊项目现金流量的归类和折算汇率的选择等。

6. 现金流量表的编制方法主要有直接法和间接法、工作底稿法、T 型账户法和分析填列法。

7. 现金流量表的项目主要有:经营活动产生的现金流量、投资活动产生的现金流量、筹资活动产生的现金流量、汇率变动对现金及现金等价物的影响、现金及现金等价物净增加额、期末现金及现金等价物余额等项目。

思考题

1. 简述合并财务报表的概念。
2. 简述合并财务报表种类。
3. 简述合并财务报表具体合并范围。
4. 简述合并财务报表编制基础。
5. 简述合并财务报表编制程序。
6. 简述合并财务报表调整事项。
7. 简述合并报表内部交易抵销分录的编制。

第九章

Chapter 9

财务比率分析

【学习要点及目标】

通过本章的学习，要求理解财务分析的基本方法，掌握偿债能力、营运能力、盈利能力、发展能力的指标分析及其应用。

【引导案例】

丰田汽车公司是日本第一大汽车公司，在日本国内设有12家工厂，在34个国家和地区设有子公司，在26个国家和地区生产汽车。丰田汽车公司的汽车占有国内市场40%以上的份额，年产汽车约550万辆，占全日本汽车产量的一半以上，员工7万人。丰田汽车公司在汽车的销售量、销售额、知名度方面均是世界一流公司之一。

但是，从2007年开始，丰田汽车的质量问题逐渐浮出水面，由于油门踏板和脚垫的原因，丰田在美国召回109万辆汽车，在国内召回大约7.5万辆RAV4，在欧洲约召回200万辆。日本丰田汽车公司一系列召回行动给公司经营和品牌造成重大损失，仅2010年2月22～26日一周的时间，在纽约证券市场上市的丰田汽车公司股价狂跌15%，收报于79美元。据当时预测，丰田因召回事件将至少支付100亿美元置换费用，同时还将面临36亿美元的赔款、1 600万美元的罚款等，其产品的声誉将经受严重的考验。这一切都使丰田汽车公司的财务状况面临许多未知，未来的盈利能力如何？公司能否具有足够的现金流抵挡召回的费用和损失？其股价的合理定位是多少？这些将是丰田股东所推测和担忧的，其庐山真面目有待于丰田汽车的财务报告的出炉，只有对其财务数据的具体分析才可能看出端倪。

第一节 财务分析方法

财务分析是一项比较复杂的工作,为了达到财务分析的目的,必须选择科学的分析方法。

一、比较分析法

比较分析法是会计报表分析最常用,也是最基本的方法。它是通过主要项目或指标数值变化的对比,计算差异额,分析和判断企业财务状况及经营成果的一种方法。比较分析法在会计报表分析中的作用主要表现在:通过比较分析,可以发现差异,找出产生差异的原因,进一步判定企业的财务状况和经营成果;通过比较分析,可以确定企业生产经营活动的收益性和资金投向的安全性。按比较对象的不同,比较分析法可以分为绝对数比较分析、绝对数增减变动比较分析、百分比增减变动分析及比率增减变动分析。

二、比率分析法

比率分析法是通过计算、比较经济指标的比率,来确定相对数差异的一种分析方法。比率是相对数,采用这种方法,要把分析对比的数值变成相对数,计算出各种不同的比率,然后进行比较,从确定的比率差异中发现问题。采用这种分析方法,可以把某些条件下不可比的指标变为可以比较的指标,以利于进行比较和分析,因此,比率分析法也是一种比较法。一般的比较法只是经济指标绝对数的比较,而比率分析法却是经济指标相对数的比较。

根据分析的不同内容和要求,可以计算出各种不同的比率进行比较,主要有相关指标比率、构成比率和动态比率。

三、趋势分析法

趋势分析法也叫水平分析法,它是通过对各类相关数字资料,将两期或多期连续的相同指标或比率进行定基对比和环比对比,得出它们的增减变动方向、数额和幅度,以揭示企业财务状况、经营情况和现金流量变化趋势的一种分析方法。采用趋势分析法通常要编制比较财务报表。趋势分析法主要包括重要财务指标的比较、财务报表的比较和会计报表项目构成比较。

四、因素分析法

因素分析法是依据分析指标与其影响因素之间的关系,按照一定的程序和方法,确定各因素对分析指标差异影响程度的一种技术方法。因素分析法是非常重要的一种分析方法,根据其分析特点可以分为连环替代法和差额计算法两种。

五、综合分析法

综合分析法主要包括杜邦分析法和沃尔评分法。

杜邦分析法利用几种主要的财务比率之间的关系来综合分析企业的财务状况，这种分析方法最早由美国杜邦公司使用，故名杜邦分析法。杜邦分析法是一种用来评价公司赢利能力和股东权益回报水平，从财务角度评价企业绩效的一种经典方法。其基本思想是将企业净资产收益率逐级分解为多项财务比率乘积，这样有助于深入分析比较企业经营业绩。

沃尔评分法又叫综合评分法，它通过对选定的多项财务比率进行评分，然后计算综合得分，并据此评价企业综合的财务状况。由于创造这种方法的先驱者之一是亚历山大・沃尔，因此被称做沃尔评分法。

第二节 偿债能力分析

一、偿债能力分析的目的

偿债能力是指企业偿还本身所欠债务的能力。企业偿债能力问题是反映企业财务状况的重要内容，是财务报表分析的重要组成部分。对企业偿债能力进行分析，对于企业投资者、经营者和债权者都有着十分重要的意义与作用。

1. 企业偿债能力分析有利于投资者进行正确的投资决策

一个投资者在决定是否向某企业投资时，他不仅仅考虑企业的盈利能力，而且还要考虑企业的偿债能力。因为投资者的投资目的是为了资本的保值和增值，即安全收回投资并获取收益或分得红利。如果一个企业短期偿债能力较差，企业投资者实际上无法得到应得的股利；如果企业长期偿债能力差，则投资者的资本也可能收不回来。因此，作为一个投资者，对企业的偿债能力是十分关心的，进行偿债能力分析对保证其资本保值增值都有重要意义。

2. 企业偿债能力分析有利于企业经营者进行正确的经营决策

企业经营者要保证企业经营目标的实现，必须保证企业生产经营各环节的畅通或顺利进行，而企业各环节畅通的关键在于企业的资金循环与周转速度。企业偿债能力好坏既是对企业资金循环状况的直接反映，又对企业生产经营各环节的资金循环和周转有着重要的影响。因此，企业偿债能力的分析，对于企业经营者及时发现企业在经营过程中存在的问题，并采取相应措施加以解决，保证企业生产经营顺利进行有着十分重要的作用。

3. 企业偿债能力分析有利于债权者进行正确的借贷决策

企业偿债能力状况如何，对债权者有着至关重要的影响。因为企业偿债能力强弱直接决定着债权人信贷资金及其利息是否能收回的问题。而及时收回本金并取得较高利息是债权人借贷要考虑的最基本的因素。任何一个债权者都不愿意将资金借给一个偿债能力很差的企业，债权者在进行借贷决策时，首先必须对借款企业的财务状况，特别是偿债能力状况进行深入细致的分析，否则将可能会做出错误的决策，不仅收不到借贷利息，而且使本金都无法收回，所以说企业偿债能力分析对债权者有着重要的意义。

4. 企业偿债能力分析有利于正确评价企业的财务状况

企业偿债能力状况是企业经营状况和财务状况的综合反映，通过对企业偿债能力的分析，可以说明企业的财务状况及其变动情况。这对于正确评价企业偿债能力，说明企业财务状况变动的原因，找出企业经营中取得的成绩和存在的问题，提出正确的解决措施，都是十分有益的。

二、偿债能力分析的内容

由于债务按到期时间分为短期债务和长期债务，所以偿债能力分析也分为短期偿债能力分析和长期偿债能力分析。

（一）短期偿债能力分析

短期偿债能力是指企业偿还流动负债的能力，它反映了企业偿付日常到期债务的实力。企业能否及时偿还到期流动负债，是反映一个企业的财务状况好坏的重要标志，是债权人投资保障的重要指标。

1. 营运资本

营运资本是指流动资产超过流动负债的部分。流动负债需要在1年内用现金偿还，流动资产将在1年内变成现金。因此，两者的比较可以反映短期偿债能力。其计算公式为

$$营运资本 = 流动资产 - 流动负债$$

为了便于说明财务指标的计算和分析，本章将使用ABC股份公司简化格式的财务报表数据举例。该公司的资产负债表、利润表见表9.1、表9.2。

表9.1　资产负债表

编制单位：ABC公司　　　　2010年12月31日　　　　单位：万元

资　产	年末余额	年初余额	负债及股东权益	年末余额	年初余额
流动资产：			流动负债：		
货币资金	50	25	短期借款	60	45
交易性金融资产	6	12	交易性金融负债		
应收票据	8	11	应付票据	5	4
应收账款	398	199	应付账款	100	109
预付账款	22	4	预收账款	10	4

续表 9.1

编制单位:ABC 公司　　2010 年 12 月 31 日　　单位:万元

资　　产	年末余额	年初余额	负债及股东权益	年末余额	年初余额
应收股利	0	0	应付职工薪酬	2	
应收利息	0	0	应交税费	5	4
其他应收款	12	22	应付利息	12	16
存货	119	326	应付股利	28	10
待摊费用	32	7	其他应付款	14	13
1 年内到期的非流动资产	45	4	预提费用	9	5
其他流动资产	8	0	预计负债	2	4
流动资产合计	700	610	1 年内到期的非流动负债	50	0
			其他流动负债	3	5
			流动负债合计	300	220
			非流动负债:		
非流动资产:			长期借款	450	245
可供出售金融资产	0	45	应付债券	240	260
持有至到期投资			长期应付款	50	60
长期股权投资	30	0	专项应付款	0	0
长期应收款			递延所得税负债	0	0
固定资产	1 238	955	其他非流动负债	0	15
在建工程	18	35	非流动负债合计	750	580
固定资产清理		12	负债合计	1 040	800
无形资产	6	8	股东权益:		
开发支出			股本	100	100
商誉			资本公积	10	10
长期待摊费用	5	15	盈余公积	100	40
递延所得税资产	0	0	未分配利润	750	730
其他非流动资产	3	0	减:库存股	0	0
非流动资产合计	1 300	1 070	股东权益合计	960	880
资产总计	2 000	1 680	负债及股东权益总计	2 000	1 680

表9.2 利润表

编制单位:ABC公司　　2010年度　　单位:万元

项　目	本年金额	上年金额
一、营业收入	3 000	2 850
减:营业成本	2 644	2 503
营业税金及附加	28	28
销售费用	22	20
管理费用	46	40
财务费用	110	96
资产减值损失	0	0
加:公允价值变动收益	0	0
投资收益	6	0
二、营业利润	156	163
加:营业外收入	45	72
减:营业外支出	1	0
三、利润总额	200	235
减:所得税费用	64	75
四、净利润	136	160

【例9.1】 根据ABC公司的财务报表数据,该公司的营运资本计算如下:

$$本年营运资本=700-300=400(万元)$$

$$上年营运资本=610-220=390(万元)$$

如果流动资产与流动负债相等,并不足以保证偿债,因为债务的到期与流动资产的现金生成不可能同步同量。营运资本越多,流动负债的偿还越有保障,短期偿债能力越强。

当流动资产大于流动负债时,营运资本为正数,表明长期资本的数额大于长期资产,超出部分被用于流动资产。营运资本的数额越大,财务状况越稳定。简而言之,如果全部流动资产都由营运资本提供资金来源,则企业没有任何偿债压力。

当流动资产小于流动负债时,营运资本为负数,表明长期资本小于长期资产,有部分长期资产由流动负债提供资金来源。由于流动负债在一年内需要偿还,而长期资产在一年内不能变现,偿债所需现金不足,必须设法另外筹资,则财务状况不稳定。

2. 流动比率

流动比率是全部流动资产与流动负债的比值,其计算公式为

$$流动比率=\frac{流动资产}{流动负债}$$

【例 9.2】 根据 ABC 公司的财务报表数据，该公司的流动比率计算如下：

$$本年流动比率=700\div300=2.33$$

$$上年流动比率=610\div220=2.77$$

流动比率假设全部流动资产都可以用于偿还短期债务，表明每 1 元流动负债有多少流动资产作为偿债的保障。ABC 公司的流动比率降低了 0.44（2.77−2.33），即为每 1 元流动负债提供的流动资产保障减少了 0.44 元。

流动比率是相对数，排除了企业规模不同的影响，更适合同业比较以及本企业不同历史时期的比较。流动比率的计算简单，因而得到广泛应用。

不存在统一的、标准的流动比率数值。不同行业的流动比率，通常有明显差别。营业周期越短的行业，合理的流动比率越低。过去很长时期，人们认为生产型企业合理的最低流动比率是 2。这是因为流动资产中变现能力最差的存货金额约占流动资产总额的一半，剩下的流动性较好的流动资产至少要等于流动负债，才能保证企业最低的短期偿债能力。这种认识一直未能从理论上证明。最近几十年，企业的经营方式和金融环境发生很大变化，流动比率有降低的趋势，许多成功企业的流动比率都低于 2。

如果流动比率与上年相比发生较大变动，或与行业平均值出现重大偏离，就应对构成流动比率的流动资产和流动负债各项目逐一进行分析，寻找形成差异的原因。为了考察流动资产的变现能力，有时还需要分析其周转率。

流动比率有某些局限性，在使用时应注意：流动比率假设全部流动资产都可以变为现金并用于偿债，全部流动负债都需要还清。实际上，有些流动资产的账面金额与变现金额有较大差异，如产成品等；经营性流动资产是企业持续经营所必需的，不能全部用于偿债；经营性应付项目可以滚动存续，无需动用现金全部结清。因此，流动比率是对短期偿债能力的粗略估计。

3. 速动比率

速动资产是指流动资产减去变现能力较差且不稳定的存货、预付账款、1 年内到期的非流动资产和其他流动资产等之后的余额。由于剔除了存货等变现能力较弱且不稳定的资产，因此，速动比率较之流动比率能够更加准确、可靠地评价企业资产的流动性及其偿还短期负债的能力。其计算公式为

$$速动比率=\frac{速动资产}{流动负债}$$

【例 9.3】 根据 ABC 公司的财务报表数据，该公司的速动比率计算如下：

$$本年速动比率=(50+6+8+398+22+12)\div300=1.65$$

$$上年速动比率=(25+12+11+199+4+22)\div220=1.24$$

速动比率假设速动资产是可以用于偿债的资产，表明每 1 元流动负债有多少速动资产作

为偿还保障。ABC 公司的速动比率比上年提高了 0.41，说明为每 1 元流动负债提供的速动资产保障增加了 0.41 元。

如同流动比率一样，不同行业的速动比率有很大差别。例如，采用大量现金销售的商店，几乎没有应收账款，速动比率大大低于 1 是很正常的。相反，一些应收账款较多的企业，速动比率可能要大于 1。

影响速动比率可信性的重要因素是应收账款的变现能力。账面上的应收账款不一定都能变成现金，实际坏账可能比计提的准备要多；季节性的变化，可能使报表上的应收账款数额不能反映平均水平。这些情况，外部分析人不易了解，而内部人员却有可能做出估计。

4. 现金比率

现金资产包括货币资金、交易性金融资产等。它们与其他速动资产有区别，其本身就是可以直接偿债的资产，而非速动资产需要等待不确定的时间，才能转换为不确定数额的现金。现金资产与流动负债的比值称为现金比率，其计算公式为

$$现金比率=\frac{货币资金+交易性金融资产}{流动负债}$$

【例 9.4】 根据 ABC 公司的财务报表数据，该公司的现金比率计算如下：

$$本年现金比率=(50+6)\div 300=0.19$$

$$上年现金比率=(25+12)\div 220=0.17$$

现金比率假设现金资产是可偿债资产，表明 1 元流动负债有多少现金资产作为偿还保障。ABC 公司的现金比率比上年增加 0.02，说明企业为每 1 元流动负债提供的现金资产保障增加了 0.02 元。

5. 现金流量比率

现金流量比率是指经营活动产生的现金流量与流动负债的比值，其计算公式为

$$现金流量比率=\frac{经营现金流量}{流动负债}$$

【例 9.5】 根据 ABC 公司的财务报表数据，并获知该公司 2010 年末的经营现金流量为 323 万元，该公司的现金比率计算如下：

$$现金流量比率(平均负债)=323\div[(300+220)/2]=1.24$$

$$现金流量比率(期末负债)=323\div 300=1.08$$

公式中的“经营现金流量”，通常使用现金流量表中的“经营活动产生的现金流量净额”。它代表了企业产生现金的能力，已经扣除了经营活动自身所需的现金流出，是可以用来偿债的现金流量。

公式中的“流动负债”，通常使用资产负债表中的“流动负债”的年初与年末的平均数。为了简便，也可以使用期末数。

现金流量比率表明每 1 元流动负债的经营现金流量保障程度。该比率越高，偿债越有保

障。

6. 影响短期偿债能力的其他因素

上述短期偿债能力比率，都是根据财务报表中资料计算的。还有一些表外因素也会影响企业的短期偿债能力，甚至影响相当大。

(1)增强短期偿债能力的因素。增强短期偿债能力的表外因素主要有：①可动用的银行贷款指标；②准备很快变现的非流动资产；③偿债能力的声誉。

(2)降低短期偿债能力的因素主要有：①与担保有关的或有负债；②经营租赁合同中承诺的付款；③建造合同、长期资产购置合同中的分阶段付款。

(二)长期偿债能力分析

长期偿债能力是指企业偿还长期债务的能力。企业的长期偿债能力与企业的盈利能力有关，因为企业偿还长期债务的本和息主要依靠其实现的利润来偿还，而不能靠变卖资产来偿还。同时，企业负债经营的合理程度也是债权人关注的重点。

1. 资产负债率

资产负债率是负债总额占资产总额的百分比，其计算公式为

$$资产负债率=\frac{负债总额}{总资产}\times100\%$$

【例9.6】　根据ABC公司的财务报表数据，该公司的资产负债率计算如下：

$$本年资产负债率=(1\ 040\div2\ 000)\times100\%=52\%$$

$$上年资产负债率=(800\div1\ 680)\times100\%=48\%$$

资产负债率反映总资产中有多大比例是通过负债取得的。它可以衡量企业在清算时保护债权人利益的程度。资产负债率越低，企业偿债越有保证，贷款越安全。资产负债率还代表企业的举债能力。一个企业的资产负债率越低，举债越容易。如果资产负债率高到一定程度，没有人愿意提供贷款了，则表明企业的举债能力已经用尽。

通常，资产在破产拍卖时的售价不到账面价值的50%，因此资产负债率高于50%，则债权人的利益就缺乏保障。各类资产变现能力有显著区别，房地产变现的价值损失小，专用设备则难以变现。不同企业的资产负债率不同，与其持有的资产类别有关。

一般认为，资产负债率的适宜水平在40%~60%。但处于不同行业、地区的企业对债务的态度是有差别的。经营风险比较高的企业，为减少财务风险通常选择比较低的资产负债率；经营风险低的企业，为增加股东收益通常选择比较高的资产负债率。

资产负债率指标对不同信息使用者的意义不同。从债权人的角度看，资产负债率越高说明企业经营存在的风险越大，债权人的权益缺乏保障；资产负债率越低说明企业长期偿债能力越强，债权人的权益越有保障。从投资者的角度看，资产负债率越高说明企业利用了较少的权益资本形成了较多的生产经营用资产，扩大了生产经营规模，在经济处于景气时期，投资收益率一般都大于债务资本成本率，财务杠杆效应必然使企业权益资本的收益率大大提高，从而为

投资者谋取更大的财务利益。

资产负债率的合理性在本质上是一个资本结构优化的问题。财务杠杆效应和财务风险总是并存的，企业在获得财务杠杆效应的同时，也承受了财务风险。因此，企业应当在二者之间做出恰当的选择，寻求一个合理的资产负债水平。

2. 产权比率

产权比率是资产负债率的另外一种表现形式，它和资产负债率的性质一样，其计算公式为

$$产权比率=\frac{负债总额}{股东权益}\times 100\%$$

【例 9.7】 根据 ABC 公司的财务报表数据，该公司的产权比率计算如下：

$$本年产权比率=\frac{1\ 040}{960}\times 100\% = 108.33\%$$

$$上年产权比率=\frac{800}{880}\times 100\% = 90.91\%$$

一般情况下，产权比率越低，表明企业的长期偿债能力越强，债权人权益的保障程度越高，承担的风险越小，但企业不能充分地发挥负债的财务杠杆效应。所以，企业在评价产权比率适度与否时，应从提高获利能力与增强偿债能力两个方面综合进行，即在保障债务偿还安全的前提下，应尽可能提高产权比率。产权比率与资产负债率对评价偿债能力的作用基本相同，两者的主要区别是：资产负债率侧重于分析债务偿付安全性的物质保障程度，产权比率则侧重于揭示财务结构的稳健程度以及自有资金对偿债风险的承受能力。

3. 利息保障倍数

利息保障倍数是指息税前利润与利息支出的比率。反映了获利能力对债务偿付的保证程度。其计算公式为

$$利息保障倍数=\frac{息税前利润}{利息费用}=\frac{净利润+利息费用+所得税费用}{利息费用}$$

【例 9.8】 根据 ABC 公司的财务报表数据，该公司的利息保障倍数计算如下：

$$本年利息保障倍数 = (136+110+64)\div 110 = 2.82$$

$$上年利息保障倍数 = (160+96+75)\div 96 = 3.45$$

通常，可以用财务费用的数额作为利息费用，也可以根据报表附注资料确定更准确的利息费用数额。

长期债务不需要每年还本，却需要每年付息。利息保障倍数表明 1 元债务利息有多少倍的息税前收益作保障，它可以反映债务政策的风险大小。如果企业一直保持按时付息的信誉，则长期负债可以延续，举借新债也比较容易。利息保障倍数越大，利息支付越有保障。如果利息支付尚且缺乏保障，归还本金就很难指望。因此，利息保障倍数可以反映长期偿债能力。

从长期来看，利息保障倍数至少应大于 1。利息保障倍数如果小于 1，则表明企业无力赚取大于借款成本的收益，企业没有足够的付息能力，支付本金就更困难。该指标如果刚好等于

1,则表明企业刚好能赚取相当于借款利息的收益,但是由于息税前利润受经营风险影响,支付利息仍然缺乏足够的保障。企业经营风险越大,要求的利息保障倍数越大。在经营风险相同的情况下,利息保障倍数越大说明支付利息的能力越强。息税前利润,不仅是利息支出的来源,还要提供所得税和净利润。因此,利息保障倍数为1是不够的,必须大于1。

4. 现金流量利息保障倍数

现金流量基础的利息保障倍数是指经营现金流量为利息费用的倍数。其计算公式为

$$现金流量利息保障倍数=\frac{经营现金净流量}{利息费用}$$

【例9.9】 根据ABC公司的财务报表数据,并获知该公司2010年末的经营现金流量为323万元,该公司的现金比率计算如下:

$$本年现金流量利息保障倍数=323\div110=2.94$$

现金基础的利息保障倍数表明,1元的利息费用有多少倍的经营现金流量作保障。它比收益基础的利息保障倍数更可靠,因为实际用以支付利息的是现金,而不是收益。

5. 影响长期偿债能力的其他因素

上述衡量长期偿债能力的财务比率是根据财务报表数据计算的,还有一些表外因素影响企业的长期偿债能力,必须引起足够的重视。

(1)长期租赁。当企业急需某种设备或厂房而又缺乏足够的资金时,可以通过租赁的方式解决。财产租赁的形式包括融资租赁和经营租赁。融资租赁形成的负债大多会反映于资产负债表,而经营租赁则没有反映于资产负债表。当企业的经营租赁量比较大、期限比较长或具有经常性时,就形成了一种长期性筹资,这种长期性筹资,到期时必须支付租金,会对企业的偿债能力产生影响。因此,如果企业经常发生经营租赁业务,应考虑租赁费用对偿债能力的影响。

(2)债务担保。担保项目的时间长短不一,有的涉及企业的长期负债,有的涉及企业的流动负债。在分析企业长期偿债能力时,应根据有关资料判断担保责任带来的潜在长期负债问题。

(3)未决诉讼。未决诉讼一旦判决败诉,便会影响企业的偿债能力,因此在评价企业长期偿债能力时要考虑其潜在影响。

第二节 盈利能力分析

一、盈利能力分析的目的

盈利能力通常是指企业在一定时期内赚取利润的能力。盈利能力体现了企业运用其所支配的经济资源,开展某种经营活动,从中赚取利润的能力。企业的经营活动是否具有较强的盈

利能力，对企业的生存发展至关重要。盈利能力的大小是一个相对的概念，即利润相对于一定的资源投入、一定的收入而言。利润率越高，盈利能力越强；利润率越低，盈利能力越差。企业经营业绩的好坏最终可通过企业的盈利能力来反映。无论是企业的经理人员、债权人，还是股东（投资人）都非常关心企业的盈利能力，并重视对利润率及其变动趋势的分析与预测。盈利能力是综合财务与经营力的中心；偿债能力从外部筹资上保证和影响盈利能力，是企业盈利能力的条件；营运能力是从企业内部经营上保证和影响盈利能力，构成了盈利能力的基础。因此，财务报表分析必须同时兼顾企业的盈利能力、偿债能力和营运能力。

1. 有利于投资者进行投资决策

企业的投资者进行投资的目的就是获取更多的利润，投资者总是将资金投向盈利能力强的企业。因此，投资者对企业盈利能力分析是为了判断企业盈利能力的大小、盈利能力的稳定性和持久性及未来盈利能力的变化趋势。企业的盈利能力增强，投资者的直接利益会提高，此外还会使股票价格上升，从而投资者们还可获得资本收益。只有投资者认为企业有良好的发展前景才会保持或增加投资。

2. 有利于债权人衡量资金的安全性

对债权人来说，利润是偿债的一个重要资金来源。短期债权人在企业中的直接利益是债务人在短期内还本付息，企业当期盈利水平高，短期债权人的利益就比较有保证；长期债权人的直接利益是在较长时期的债务到期时，能及时足额收回本息，长期债权人则关心企业是否具有高水平、稳定长久的获利能力基础，以预测长期借款本息足额收回的可靠性。

3. 有利于经营者改善经营管理

最大限度地赚取利润是企业持续、稳定发展的目标，盈利能力不仅是衡量经营者经营业绩的依据，也是评价经营者履行受托责任的核心指标，也决定着企业的竞争力和未来的发展。关注企业的盈利能力，可以发现经营管理中存在的问题，有利于经营者采取措施，改善经营管理。

4. 有利于政府部门行使社会管理职能

政府行使其社会管理职能，要有足够的财政收入作保证。税收是国家财政收入的主要来源，而税收的大部分又来自于企业。企业盈利能力强，就意味着实现利润多，对政府税收贡献大。各级政府如能集聚较多的财政收入，就能有更多的资金投入于基础设施建设、科技教育、环境保护以及其他各项公益事业，更好地行使社会管理职能，为国民经济的良性运转提供必要保障，推动社会向前发展。

二、盈利能力分析的内容

盈利能力的分析是企业财务分析的重点，企业的盈利水平分析包括以下几方面的内容：

（1）商品经营盈利能力分析，包括营业利润率、成本费用利润率等指标。

（2）资产与资本经营盈利能力分析，包括总资产报酬率、净资产收益率等指标。

（3）上市公司盈利能力分析，包括每股收益、每股股利、市盈率、每股净资产等指标。

(4)盈利质量分析,包括盈余现金保障倍数指标。

(一)商品经营盈利能力分析

1. 营业利润率

营业利润率是企业一定时期营业利润与营业收入的比率。其计算公式分别为

$$营业利润率=\frac{营业利润}{营业收入}\times100\%$$

$$营业净利润率=\frac{净利润}{营业收入}\times100\%$$

$$营业毛利率=\frac{营业收入-营业成本}{营业收入}\times100\%$$

【例 9.10】　根据 ABC 公司的财务报表数据,该公司的营业利润率计算如下:

$$本年营业利润率=156\div3\ 000\times100\%=5.2\%$$

$$上年营业利润率=163\div2\ 850\times100\%=5.72\%$$

$$本年营业净利润率=136\div3\ 000\times100\%=4.53\%$$

$$上年营业净利润率=160\div2\ 850\times100\%=5.61\%$$

$$本年营业毛利率=(3\ 000-2\ 644)\div3\ 000\times100\%=11.87\%$$

$$上年营业毛利率=(2\ 850-2\ 503)\div2\ 850\times100\%=12.18\%$$

该指标越高,说明企业通过扩大销售获取利润的能力越强。但它受行业特点影响较大。通常说来,越是资本密集型的企业,其营业利润率越高;反之,资本密集程度相对较低的行业,其营业利润率越低。应结合不同行业的具体情况进行分析。

2. 成本费用利润率

成本费用利润率是企业利润总额与企业成本费用总额的比率。它反映企业成本费用的获利能力,用于衡量企业对费用的控制能力和管理水平。计算公式为

$$成本费用利润率=\frac{利润总额}{成本费用总额}\times100\%$$

其中　成本费用总额=营业成本+营业税金及附加+销售费用+管理费用+财务费用

【例 9.11】　根据 ABC 公司的财务报表数据,该公司的成本费用利润率计算如下:

$$本年成本费用利润率=200\div(2\ 644+28+22+46+110)\times100\%=7.02\%$$

$$上年成本费用利润率=235\div(2\ 503+28+20+40+96)\times100\%=8.75\%$$

该指标越高,说明企业为取得收益而付出的代价越小,企业盈利能力越强;反之,则相反。

成本费用利润率指标分析应注意的问题:

(1)成本费用利润率反映的是企业投入与产出的比率关系,应注意保持公式分子与分母口径的一致。

(2)对成本费用利润率进行分析,应将本期指标与计划或上期指标进行比较,可以说明本

期成本管理工作的成效大小。

(3)耗费与利润此消彼长的关系。成本费用利润率既可以评价企业盈利能力的强弱,也可以评价企业对费用的控制能力和管理水平。

(二)资产与资本经营盈利能力分析

1. 总资产报酬率

总资产报酬率是企业一定时期内获得的报酬总额与平均资产总额的比率。它是反映企业资产综合利用效果的指标,也是衡量企业利用债权人和所有者权益总额所取得盈利的重要指标。其计算公式为

$$总资产报酬率=\frac{息税前利润总额}{平均资产总额}\times 100\%$$

$$息税前利润总额=利润总额+利息支出=净利润+所得税+利息支出$$

【例9.12】 根据ABC公司的财务报表数据,该公司的总资产报酬率计算如下:

$$本年总资产报酬率=(200+110)\div 1\,840\times 100\%=16.85\%$$

该指标越高,表明资产利用效果越好,利用资产创造的利润越多,企业的盈利能力越强,企业的经营管理水平越高;否则相反。

2. 净资产收益率

净资产收益率是企业一定时期净利润与平均净资产的比率。它是反映自有资金投资收益水平的指标,是企业获利能力指标的核心。其计算公式为

$$净资产收益率=\frac{净利润}{平均净资产}\times 100\%$$

$$平均净资产=\frac{所有者权益年初数+所有者权益年末数}{2}$$

【例9.13】 根据ABC公司的财务报表数据,该公司的净资产收益率计算如下:

$$本年净资产收益率=136\div(960+880)\div 2\times 100\%=14.78\%$$

净资产收益率是评价企业自有资本及其积累获取报酬水平的最具综合性与代表性的指标,反映企业资本运营的综合效益。一般认为,净资产收益率越高,企业自有资本获取收益的能力越强,运营效益越好,对企业投资人和债权人权益的保证程度越高。

(三)上市公司盈利能力分析

1. 每股收益

每股收益是反映企业普通股股东持有每一股份所能享有的企业利润和承担的企业亏损,是衡量上市公司盈利能力时最常用的财务分析指标。每股收益越高,公司的获利能力越强。

每股收益的计算包括基本每股收益和稀释收益。其计算公式为

$$基本每股收益=\frac{归属于普通股股东的当期净利润}{当期发行在外普通股的加权平均数}$$

$$\text{当期发行在外普通股的加权平均数}=\frac{\text{期初发行在外的普通股股数}\times\text{报告期时间}+\text{当期新发行普通股股数}\times\text{已发行时间}}{\text{报告期时间}}-\frac{\text{当期回购普通股股数}\times\text{已回购时间}}{\text{报告期时间}}$$

【例 9.14】　根据 ABC 公司的财务报表数据，同时获知该公司 2010 年末发行在外的普通股股数为 10 000 万股，则每股收益计算如下：

$$\text{本年基本每股收益}=\frac{136}{10\ 000}=0.013\ 6(\text{元})$$

企业存在稀释性潜在普通股的，应当分别调整归属于普通股股东的当期净利润和发行在外普通股的加权平均数（即基本每股收益计算公式中的分子、分母），据以计算稀释每股收益。其中，稀释性潜在普通股，是指假设当期转换为普通股会减少每股收益的潜在普通股，主要包括可转换公司债券、认股权证和股票期权等。

该指标比值越大，表明上市公司的盈利能力越强，股东的投资效益就越好，每一股份所得的利润也越多；反之，则越差。但并非每股收益越高，公司的股票市价必然就高；相反，当企业以很高的负债比率和较大的财务风险换取较高的每股收益，在股利发放后，不但公司股价不会上扬，甚至会有下降的可能。因此，只有当公司每股收益上升，而其财务风险并无增长时，该股票价格才会有良好的市场表现。

每股收益指标分析应注意的问题：

(1)计算公式中的分母即发行在外普通股加权平均股数，是指已发行未回购的期初普通股股数，加上本期实施的普通股送股总数，再加上本期实施的配股或发行新股按时间加权平均数，减去本期回购的普通股按时间加权平均数。若普通股本年未发生增减变化，计算每股收益的分母应是年末的普通股股数；若普通股本年发生增减变化，分母应使用按月计算的普通股加权平均数。因为，本年净利润是整个年度内实存资本创造的，为保证计算财务比率的分子和分母口径一致，分母应是本年的加权平均股数。

(2)如果公司发行了有可能转换为普通股的优先股或可转换债券等，当这些可转换证券在一定条件下行使其转换权后，就会增加公司的普通股股份，同时会使每股收益下降。所以，在进行每股收益分析时必须要充分考虑到这些实际存在的稀释因素，并要同时计算预期被稀释后的每股收益，将其与原来的每股收益进行比较，对该指标作更深入的研究。

(3)由于不同公司每股收益所含的净资产和市价不同，也就说每股收益的投入量不相同，因而限制了公司之间每股收益的比较，但股票价格与每股收益是具有相关性的。

(4)一般认为，最富有意义的每股收益是那些只与正常营业相联系的数字，由于非经常性损益的偶发性和一次性，按剔除非经常性损益后的净利润计算每股收益，会更有利于投资者对公司业绩进行评价。

2. 每股股利

每股股利指上市公司本年发放的普通股现金股利总额与年末普通股总数的比值。其计算公式为

$$每股股利=\frac{普通股股利总额}{年末普通股股数}$$

【例9.15】 根据ABC公司的财务报表数据,同时获知该公司2010年末发行在外的普通股股数为10 000万股,决定发放的股利为500万元,则每股股利计算如下:

$$本年每股股利=\frac{500}{10\ 000}=0.05(元)$$

每股股利的多少取决于企业的盈利状况和股利分配政策的不同选择。

3 市盈率

市盈率是上市公司普通股每股市价相当于每股收益的倍数,反映投资者对上市公司每元净利润愿意支付的价格,可以用来估计股票的投资报酬和风险。反映股票的盈利能力,用来衡量投资者和市场对公司的评价和对公司长远发展的信心,是上市公司市场表现指标中最重要的指标之一。其计算公式为

$$市盈率=\frac{普通股每股市价}{普通股每股收益}$$

【例9.16】 根据【例9.14】的资料,同时获知该公司股票的期末市价为2元,则市盈率计算如下:

$$市盈率=\frac{2}{0.013\ 6}=147.06$$

市盈率是反映上市公司盈利能力的一个重要财务比率,投资者对这个比率十分重视。这一比率是投资者做出投资决策的重要参考因素之一。一般来说,市盈率高,说明投资者对该公司的发展前景看好,愿意出较高的价格购买该公司股票,所以一些成长性较好的高科技公司股票的市盈率通常要高一些。但是,也应注意,如果某一种股票的市盈率过高,则也意味着这种股票具有较高的投资风险。

市盈率指标分析应注意的问题:

(1)市盈率公式中的每股市价通常是按其年度平均价格计算的,即全年的收盘价的算术平均数。但为了计算简单和增强其评价的适时性,在很多情况下也可采用报告前一日的实际股票市价来计算。其实两种算法各有利弊,前者能反映企业整个年度内的实际平均市场价格表现,后者能反映目前股票的实际市价状况。分析者可根据不同的分析目的选择使用,但如果是用于不同时期比较分析的,那么指标的计算口径必须保持一致。

(2)影响市盈率变动的因素之一是股票市价,但股票市价的变动除了公司本身的经营状况外,还受到宏观形势和经济环境等多种因素的影响。因此,要对股票市场作全面的了解和分析,才能对市盈率波动的原因做出正确的评价。

(3)在每股收益很小或亏损时,市价不会降至零,相反,报亏的股票往往因资产重组等题材而使股价大涨,从而产生了很高的市盈率,但其已无实际意义了。所以,单纯使用市盈率指标而不看具体盈利状况的话,可能会错误地估计公司的未来发展。所以,市盈率指标分析要结合其他相关指标共同考虑。

(4)市盈率不能用于不同行业公司之间的比较,充满扩展机会的新兴行业市盈率普遍较高,而成熟工业的市盈率普遍较低,这并不说明后者的股票就没有投资价值。另外,市盈率高低受净利润的影响,净利润受可选择的会计政策的影响,从而使得公司间的比较受到限制。

4. 每股净资产

每股净资产是上市公司年末净资产与年末普通股总数的比值。其计算公式为

$$每股净资产=\frac{年末股东权益}{年末普通股总数}$$

【例 9.17】 根据 ABC 公司的财务报表数据,同时获知该公司 2010 年末发行在外的普通股股数为 10 000 万股,则每股净资产计算如下:

$$每股净资产=\frac{960}{10\ 000}=0.096(元)$$

(四)盈利质量分析

盈利质量分析是通过盈余现金保障倍数指标来进行分析的。

盈余现金保障倍数是企业一定时期经营现金净流量与净利润的比值,反映了企业当期净利润中现金收益的保障程度,真实反映了企业盈余的质量,是评价企业盈利状况的辅助指标。其计算公式为

$$盈余现金保障倍数=\frac{经营现金净流量}{净利润}$$

【例 9.18】 根据 ABC 公司的财务报表数据,并获知该公司 2010 年末的经营现金流量为 323 万元,该公司的盈余现金保障倍数计算如下:

$$本年盈余现金保障倍数=\frac{323}{136}=2.375(元)$$

盈余现金保障倍数是从现金流入和流出的动态角度,对企业收益的质量进行评价,在收付实现制的基础上,充分反映出企业当期净利润中有多少是有现金保障的。一般来说,当企业当期净利润大于 0 时,盈余现金保障倍数应当大于 10,该指标越大,表明企业经营活动产生的净利润对现金的贡献越大。

第三节　营运能力分析

一、营运能力分析的目的

营运能力是指企业充分利用现有资源创造社会财富的能力，它可以用来评价企业对拥有资源的利用程度和营运活动力，其实质就是要以尽可能少的资产占用，尽可能短的时间周转，生产尽可能多的产品，创造尽可能多的销售收入。

营运能力分析，主要是通过销售收入与企业各项资产的比例关系，分析各项资产的周转速度，了解各项资产对收入的贡献程度，借以揭示企业管理人员资产的管理效率和运用资金的能力，是影响企业财务状况稳定与否和获利能力强弱的关键环节。营运能力分析能够用以评价一个企业的经营水平、管理水平，乃至预测它的发展前景，对各个利益主体来说关系重大。

1. 有助于企业管理当局改善经营管理

企业经营者受业主或股东的委托，对其投入企业的资本负有保值增值的责任。通过对企业营运能力进行分析，可以了解企业生产经营对资产的需要情况，可以发现和揭示与企业经营性质、经营时期不相适应的资产结构比例，并根据生产经营的变化，调整资产存量，使资产的增减变动与生产经营规模的变动相适应，促进资产的合理配置，改善财务状况，提高资金周转速度。同时，通过营运能力分析，还可为财务决策和财务预测指明方向，为预测财务危机提供必要信息。

2. 有助于投资者进行投资决策

资产结构中流动性及变现能力强的资产所占的比重越大，企业的偿债能力越强，企业的财务安全性也就越高；保全所有者或股东的投入资本，除要求在资产的运用过程中，资产的净损失不得冲减资本金外，还要有高质量的资产作为物质基础，通过资产结构和资产管理效果分析，可以很好地判断资本的安全程度；企业存量资产的周转速度越快，实现收益的能力越强；存量资产中商品资产越多，实现的收益额也越大；商品资产中毛利额高的商品所占比重越高，取得的利润率越高。良好的资产结构和资产管理效果预示着企业未来收益的能力。通过对企业营运能力分析，可以评价经营者的经营业绩，发现经营中的不足，从而通过行使股东权利为企业未来的发展指明方向；有助于判断企业财务的安全性、资本的保全程度以及评估企业的价值创造能力，可用以进行相应的投资决策。

3. 有助于债权人进行信贷决策

短期债权人通过了解企业短期资产的数额，可以判明企业短期债权的物质保证程度；长期债权人通过了解与长期债务偿还期相接近的可实现长期资产，可以判明企业长期债权的物质保证程度。将资产结构与债务结构相联系，进行匹配分析，以进一步掌握企业的各种结构是否相互适应。企业的营运能力直接影响和关系着企业的偿债能力和盈利能力，体现着企业的经营绩效。通过对企业的营运能力进行分析,可以了解企业的长期获利能力及现金流动性,可以对企业债务本息的偿还能力有更直接的认识,有助于债权人判明其债权的物质保证程度或安全性,用来进行相应的信用决策。

4. 有助于政府经济管理部门进行宏观决策

政府及有关管理部门通过对企业资金利用效率的分析,可以判明企业经营是否稳定,财务状况是否良好;有利于监督各项经济政策、法规的执行情况;有利于为宏观决策与调控提供可靠信息。

二、营运能力分析的内容

营运能力是指企业基于外部市场环境的约束,通过内部人力资源和生产资料的配置组合而对财务目标实现所产生作用的大小。运营能力指标包括流动资产营运能力分析、非流动资产营运能力分析和总资产营运能力分析。

(一)流动资产营运能力分析

1. 应收账款周转率

应收账款周转率是应收账款与销售收入的比率。它主要有两种表示形式:应收账款周转次数,应收账款周转天数。其计算公式为

$$应收账款周转次数=\frac{营业收入}{平均应收账款余额}$$

$$应收账款周转天数=\frac{平均应收账款余额\times 360}{营业收入}$$

$$平均应收账款余额=\frac{应收账款余额年初数+应收账款余额年末数}{2}$$

【例 9.19】　根据 ABC 公司的财务报表数据,该公司的应收账款周转率计算如下:

$$平均应收账款余额=(398+199)\div 2=298.5(万元)$$

$$本年应收账款周转次数=3\ 000\div 298.5=10.05$$

$$本年应收账款周转天数=298.5\times 360\div 3\ 000=35.82$$

应收账款周转次数表明应收账款一年中周转的次数,或者说明 1 元应收账款投资支持的销售收入。应收账款周转天数,也称为应收账款的收现期,表明从销售开始到回收现金平均需要的天数。显然,应收账款周转次数和周转天数是相逆互补关系。在一定时期内应收账款周转次数越多,周转一次所用的天数就越少,说明应收账款收回的速度越快,资产营运效率越高。这不仅有利于企业及时收回货款,减少发生坏账损失的可能性,而且有利于提高资产的流动性,增强企业的短期偿债能力。

该企业应收账款 1 年可周转 10.05 次,每周转一次需要 35.82 天。对此,应结合企业历史资料和同行业平均水平做出评价。为了加速应收账款的周转,企业应制定合理的信用政策。

包括:运用科学的信用标准,来判断和评价客户的信用情况;提供适当的信用条件(包括信用期限和现金折扣),鼓励客户尽快支付款项;采用灵活的收账策略,加速应收账款的收回。

在计算和使用应收账款周转率时应注意以下问题:

(1)销售收入的赊销比例问题。从理论上说应收账款是赊销引起的,其对应的流量是赊销额,而非全部销售收入。

(2)应收账款年末余额的可靠性问题。应收账款是特定时点的存量,容易受季节性、偶然性和人为因素影响。在应收账款周转率用于业绩评价时,最好使用多个时点的平均数,以减少这些因素的影响。

(3)应收账款的减值准备问题。财务报表上列示的应收账款是已经提取减值准备后的净额,而销售收入并没有相应减少。提取的减值准备越多,应收账款周转天数越少。这种周转天数的减少不是好的业绩,反而说明应收账款管理欠佳,如果减值准备的数额较大,就应进行调整。

(4)应收票据是否计入应收账款周转率。大部分应收票据是销售形成的,只不过是应收账款的另一种形式,应将其纳入应收账款周转天数的计算。

2. 存货周转率

存货周转率是企业一定时期营业成本与平均存货余额的比率,是反映企业流动资产流动性的一个指标,也是衡量企业生产经营各环节中存货运营效率的一个综合性指标。其计算公式为

$$存货周转次数=\frac{营业成本(营业收入)}{平均存货余额}$$

$$存货周转天数=\frac{平均存货余额\times 360}{营业成本(营业收入)}$$

$$平均存货余额=\frac{存货余额年初数+存货余额年末数}{2}$$

【例9.20】 根据ABC公司的财务报表数据,该公司的存货周转率计算如下:

$$平均存货余额=\frac{119+326}{2}=222.5(万元)$$

$$存货周转次数=\frac{2\,644}{222.5}=11.88$$

$$存货周转天数=\frac{222.5\times 360}{2\,644}=30.30$$

一般来讲,存货周转率越高越好,存货周转率越高,表明其变现的速度越快,周转额越大,资产占用水平越低。因此,通过存货周转分析,有利于找出存货管理存在的问题,尽可能降低资金占用水平。存货既不能储存过少,否则可能造成生产中断或销售紧张;又不能储 存过多,而形成呆滞、积压。一定要保持结构合理、质量可靠。其次,存货是流动资产的重要组成部分,

其质量和流动性对企业流动比率具有举足轻重的影响，并进而影响企业的短期偿债能力。因此，一定要加强存货的管理，来提高其投资的变现能力和获利能力。

在计算存货周转率时应注意以下几个问题：

(1)存货计价方法对存货周转率具有较大的影响，因此，在分析企业不同时期或不同企业的存货周转率时，应注意存货计价方法的口径是否一致。

(2)分子、分母的数据应注意时间上的对应性。

(3)计算过程中，使用"营业收入"还是"营业成本"应根据分析的目的而定。为了评估资产变现能力需要计量存货转换为现金的数量和时间以及在分解总资产周转率时，为系统分析各项资产的周转情况并识别主要影响因素时，应使用"营业收入"；如果是为了评估存货管理的业绩，应使用"营业成本"。

(4)企业管理者和有条件的外部报表使用者，除了分析进货批量因素、生产销售的季节性变化等情况外，还应对存货的内部结构以及影响存货周转速度的重要项目进行分析。

(5)存货周转分析的目的是从不同的角度和环节找出存货管理中存在的问题，使存货管理在保证生产经营连续性的同时，尽可能少占用经营资金，提高资金的使用效率，增强企业短期偿债能力，促进企业管理水平的提高。

(6)存货周转率在反映存货周转速度、存货占用水平的同时，也从一定程度上反映了企业销售实现的快慢。一般情况下，存货周转速度越快，说明企业投入存货的资金从投入到完成销售的时间越短，存货转换为货币资金或应收账款等的速度越快，资金的回收速度越快。在企业资金利润率较高的情况下，企业就越能获得更高的利润。如若存货周转率慢，说明企业的存货可能适销不对路，有过多的呆滞存货，影响资金的及时回笼。

3. 流动资产周转率

流动资产周转率是营业收入与平均流动资产总额的比值，是反映企业流动资产周转速度的指标。其计算公式为

$$流动资产周转次数=\frac{营业收入}{平均流动资产总额}$$

$$流动资产周转天数=\frac{平均流动资产总额\times 360}{营业收入}$$

$$平均流动资产总额=\frac{流动资产总额年初数+流动资产总额年末数}{2}$$

【例 9.21】　根据 ABC 公司的财务报表数据，该公司的流动资产周转率计算如下：

$$平均流动资产总额=\frac{700+610}{2}=655(万元)$$

$$流动资产周转次数=\frac{3\ 000}{655}=4.58(次)$$

$$流动资产周转天数=\frac{655\times360}{3\ 000}=78.6(天)$$

流动资产周转次数，表明流动资产1年中周转的次数，或者说是1元流动资产所支持的销售收入。流动资产周转天数表明流动资产周转一次所需要的时间，也就是期末流动资产转换成现金平均所需要的时间。流动资产与收入比表明1元收入所需要的流动资产投资。

（二）非流动资产营运能力分析

非流动资产营运能力分析是通过非流动资产周转率指标进行评价的。

非流动资产周转率是营业收入与非流动资产的比值。其计算公式为

$$非流动资产周转次数=\frac{营业收入}{平均非流动资产总额}$$

$$非流动资产周转天数=\frac{平均非流动资产总额\times360}{营业收入}$$

$$平均非流动资产总额=\frac{非流动资产总额年初数+非流动资产总额年末数}{2}$$

【例9.22】 根据ABC公司的财务报表数据，该公司的非流动资产周转率计算如下：

$$平均非流动资产总额=\frac{1\ 300+1\ 070}{2}=1\ 185(万元)$$

$$非流动资产周转次数=\frac{3\ 000}{1\ 185}=2.53$$

$$非流动资产周转天数=\frac{1\ 185\times360}{3\ 000}=142.2$$

非流动资产周转率反映非流动资产的管理效率。分析时主要是针对投资预算和项目管理，分析投资与其竞争战略是否一致，收购和剥离政策是否合理等。

（三）总资产营运能力分析

总资产营运能力分析是通过总资产周转率指标进行评价的。

总资产周转率是营业收入与总资产之间的比值，用来反映企业全部资产的利用效率。其计算公式为

$$总资产周转次数=\frac{营业收入}{平均资产总额}$$

$$总资产周转天数=\frac{平均资产总额\times360}{营业收入}$$

$$平均资产总额=\frac{资产总额年初数+资产总额年末数}{2}$$

【例9.23】 根据ABC公司的财务报表数据，该公司的总资产周转率计算如下：

$$平均资产总额=\frac{2\ 000+1\ 680}{2}=1\ 840(万元)$$

$$总资产周转次数=\frac{3\ 000}{1\ 840}=1.63$$

$$总资产周转天数=\frac{1\ 840\times 360}{3\ 000}=220.8$$

在销售利润率不变的条件下，周转的次数越多，形成的利润越多，所以它可以反映盈利能力。它也可以理解为1元资产投资所产生的销售额，产生的销售额越多，说明资产的使用和管理效率越高。习惯上，总资产周转次数又称为总资产周转率。

如果企业的总资产周转率突然上升，而企业的销售收入与以往持平，则有可能是企业本期报废了大量固定资产造成的，则并不能说明企业资产利用率提高。在进行总资产周转率分析时，也应以企业以前年度的实际水平、同行业平均水平作为参照物进行对比分析，从中找出差距，挖掘企业潜力，提高资产利用效果。

第四节　发展能力分析

一、发展能力分析的目的

信息论理论告诉我们，公司的所有者和公司的经营者获得的信息是不对称的。公司的经营者为了自己的声誉和获得高额的个人回报，利用其掌握的信息，有时会不顾公司的长远利益和未来发展，虚夸公司的利润，或者人为地提高公司的投资回报水平，对公司进行掠夺式的经营，造成公司的虚假繁荣。这样做的结果，无疑会极大地损害公司的长远经济利益和持续经营能力，从而损害公司的所有者利益。基于上述原因，我们对公司的财务分析不仅要从公司的偿债能力、盈利能力和营运能力入手，而且要从公司的发展能力着眼，考察公司的长远发展能力和持续经营能力，对公司进行全面综合的评价。

二、发展能力分析的内容

发展能力通常是指企业未来生产经营的发展趋势和发展潜力。它包括资产、销售、收入、收益等方面的增长趋势和增长速度。发展能力指标主要包括营业收入增长率、资本积累率、总资产增长率、净利润增长率等。

（一）营业收入增长率

营业收入增长率是指企业本期营业收入增长额同上期营业收入额的比率。该指标反映了企业本期相对于上期营业收入的增减变动情况及市场竞争能力，该指标越高说明企业的市场竞争力越强，其计算公式为

$$营业收入增长率=\frac{本期营业收入增长额}{上期营业收入}\times 100\%$$

【例9.24】 根据ABC公司的财务报表数据，该公司的营业收入增长率计算如下：

$$营业收入增长率=\frac{3\ 000-2\ 850}{2\ 850}\times100\%=5.26\%$$

营业收入增长率表示营业收入的增减幅度，反映公司主营业务的经营状况及变动趋势，可用于衡量公司产品生命周期，判断公司所处的发展阶段，从而有助于营销决策人员制定合适的营销策略。

分析时应注意的问题：

(1)该指标是衡量企业经营状况和市场占有能力、预测企业经营业务拓展趋势的重要指标，也是衡量企业存量资本增长的重要前提。不断增加的销售收入是企业生存的基础和发展的条件。

(2)该指标大于零表示企业本年的营业收入有所增长，指标值越高，表明增长速度越快。在实际分析时应结合企业历年的销售水平、企业市场占有情况、行业未来发展及其他影响企业发展的潜在因素进行潜在性预测，或结合企业前三年的营业收入增长率做出趋势性分析判断。

(3)分析中可以其他类似企业、企业历史水平及行业平均水平作为比较标准。

(4)指标值受增长基数影响，因此分析中还要使用增长额和三年营业收入平均增长率等指标进行综合判断。

(二)资本积累率

资本积累率是指企业本期所有者权益增长额同期初所有者权益的比率。该指标反映了企业当期的资本积累能力。该指标越高说明企业的发展潜力越大，其计算公式为

$$资本积累率=\frac{本期所有者权益增长额}{期初所有者权益}\times100\%$$

【例9.25】 根据ABC公司的财务报表数据，该公司的资本积累率计算如下：

$$资本积累率=\frac{960-880}{880}\times100\%=9.09\%$$

该指标越高，表明企业所有者权益得到的保障程度越大，企业可以长期使用的资金越充裕，抗风险和连续发展的能力越强。

企业资本额的多少是企业发展和负债融资的基础和保证，资本增长率从资本扩张方面衡量企业的持续发展能力。该指标越高，表明企业资本扩张的速度越快。但并非企业的增长率越快越好，过快和过大的扩张可能给该企业带来潜在的风险。

(三)总资产增长率

总资产增长率是指企业本期总增长额与期初资产总额的比率。该指标反映了企业当期资产规模的变动情况。该指标越高说明企业的规模扩张速度越快。其计算公式为

$$总资产增长率=\frac{期末资产总额-期初资产总额}{期初资产总额}\times100\%$$

【例 9.26】　根据 ABC 公司的财务报表数据，该公司的总资产增长率计算如下：

$$总资产增长率=\frac{2\ 000-1\ 680}{1\ 680}\times100\%=19.05\%$$

该指标从资产总量扩张方面衡量企业的持续发展能力，指标越高表明企业资产经营规模扩张速度越快，但应注意资产规模扩张的质与量之间的关系及企业的后续发展能力，避免盲目扩张。

（四）净利润增长率

净利润增长率是指企业本期净利润增长额与上期净利润的比率。该指标反映了企业当期净利润的增长速度情况。该指标越高说明企业收益增长的越多，市场竞争能力越强。其计算公式为

$$净利润增长率=\frac{本期净利润-上期净利润}{上期净利润}\times100\%$$

【例 9.27】　根据 ABC 公司的财务报表数据，该公司的净利润增长率计算如下：

$$净利润增长率=\frac{136-100}{100}\times100\%=36\%$$

企业的积累、发展和给投资者的回报主要取决于净利润，净利润增长率是考察企业成长能力的重要指标。该指标越高，说明企业积累越多，持续发展能力越强。

本章小结

1. 财务基本指标包括偿债能力指标、运营能力指标、盈利能力指标和发展能力指标。

2. 偿债能力分析通常包括短期偿债能力分析、长期偿债能力分析。

3. 短期偿债能力分析主要包括营运资本、流动比率、速动比率、现金比率、现金流量比率等指标。

4. 长期偿债能力主要包括资产负债率、产权比率、利息保障倍数、现金流量利息保障倍数等指标。

5. 企业的盈利水平分析有以下几方面的内容：商品经营盈利能力分析，包括营业利润率、成本费用利润率等指标；资产与资本经营盈利能力分析，包括总资产报酬率、净资产收益率等指标；上市公司盈利能力分析，包括每股收益、每股股利、市盈率、每股净资产等指标；盈利质量分析，包括盈余现金保障倍数指标。

6. 运营能力指标包括流动资产营运能力分析、固定资产营运能力分析及总资产营运能力分析。

7. 发展能力指标主要包括营业收入增长率、资本积累率、总资产增长率、净利润增长率等。

思考题

资料：

2007～2009年汇丰公司的相关数据表

项　目	2007年末	2008年末	2009年末
营业收入	54 000	67 680	73 000
固定资产	136 000	188 320	158 800
资产总计	850 000	856 000	881 800

要求：根据上述资料运用相关指标分析汇丰公司发展能力。

【案例分析】

东方航空财务分析

一、公司简介

中国东方航空股份有限公司（以下简称"东航"）是东航集团的核心企业，是中国第一家在香港、上海和纽约上市的航空公司，注册资本为人民币48.669 5亿元。

二、航空公司财务的主要特点

航空业的一大特点就是负债币种多为外币。由于购买飞机的成本很高，再加上高额的其他费用，租赁飞机则以较低的成本、较高的灵活性及多种融资渠道而成为国内外许多航空公司的现实选择。目前，全球航空公司的飞机有40%都是通过租赁方式引进的，这就导致航空公司资产负债率水平较高，负债的大部分为外币负债，其中又主要以美元为主。美元负债中大约有50%为固定利率贷款，因此汇率的变化以及国内利率的调整都会对航空公司造成较大的影响。

三、财务比率分析

该公司1998～2004年的主要财务比率见下表。

主要财务指标明细表

年份	偿债能力分析		财务结构分析	经营效率分析			盈利能力分析/%		每股财务数据/元	
	流动比率	速动比率	资产负债率/%	存货周转率	应收账款周转率	总资产周转率	经营净利率	净资产收益率	每股净资产	每股收益
1998	1.30	0.94	75.49	3.59	7.46	0.33	−7.32	−5.27	1.34	−0.130
1999	1.327	0.94	74.25	4.04	6.70	0.40	1.95	3.11	1.37	0.043
2000	1.19	0.84	74.25	4.28	5.94	0.47	0.17	0.30	1.36	0.04
2001	0.77	0.52	75.96	4.69	9.17	0.47	1.04	2.13	1.28	0.027
2002	0.56	0.42	78.65	5.07	12.52	0.46	0.93	1.98	1.291	0.026
2003	0.43	0.34	84.22	7.12	10.35	0.41	−5.90	−15.8	1.07	0.170
2004	0.43	0.37	84.27	12.77	12.23	0.51	2.70	9.25	1.19	0.110

从主要财务指标的纵向比较可以看出，东航流动比率和速动比率逐年下降，即偿债能力逐年下降，但相对行业水平还是可以接受的。其比率的降低，一方面，由于公司从2001年开始调整了长短期借款的结构，增加了短期借款，减少了长期借款；另一方面，由于公司经营规模的扩大，公司借入短期借款满足营运资金要求的同时，其他的流动负债也有相应的增加。资产负债率也有逐年上升的趋势，尤其是在2003年资产负债率有较大的提高，主要是公司由于投资的需要，长短期借款都有相当比率的增加。从经营效率来看，存货周转率、应收账款周转率和总资产周转率都有所提高，说明公司在近年的改革方面是有成效的，但从行业横比来看，东航的应收账款的管理仍然是不够的，还有提高的空间。从盈利能力来看，东航的盈利情况波动比较大，特别是2003年波动最大，这符合行业受外界因素影响大的特征。

问题：

1. 东方航空股份有限公司的每股收益为何如此之低？
2. 东方航空股份有限公司的发展趋势如何？
3. 东方航空股份有限公司应如何调整？

第十章

Chapter 10

财务综合分析

【学习要点及目标】

通过本章的学习,要求了解财务综合分析的内容和原则,掌握财务综合分析的基本方法,熟悉财务分析报告的编制。

【引导案例】

四川长虹在中国证券市场上曾经创造过"长虹不败"的神话,在业务扩张和利润方面都曾经有过辉煌的业绩,也曾在2004年创下了中国股市创市以来的企业亏损之最,同时也创造了在巨亏的基础上迅速扭亏为盈,实现107.74%的净利润增长率的奇迹。那么,对于四川长虹在此期间内的竞争战略、资产质量、盈利能力、财务风险、巨亏之后迅速扭亏为盈的原因及未来发展前景等进行综合分析则具有十分重要的意义。

第一节 财务综合分析概述

一、财务综合分析的目的

前述财务分析通常是从某一特定角度,就企业某一方面的经营活动所作的分析,这种分析不足以全面评价企业的总体财务状况和财务成效,很难对企业总体财务状况和经营业绩的关联性做出综合结论。为弥补财务分析的这一不足,有必要在财务能力单项分析的基础上,将有关指标按其内在联系结合起来进行综合分析,以判明企业的财务状况和经营业绩,这对于企业投资者、债权人、经营者、政府及其他企业利益相关者了解企业的财务状况和经营成效是十分有益的。

财务综合分析，就是将企业营运能力、偿债能力和盈利能力等方面的分析纳入到一个有机的分析系统之中，对企业财务状况、经营状况进行全面的解剖和分析，从而对企业经济效益做出较为准确的评价与判断。其目的在于：

(1)通过综合分析明确企业财务活动与经营活动的相互关系，找出制约企业发展的"瓶颈"所在。

(2)通过综合分析全面评价企业财务状况及经营业绩，明确企业的经营水平、位置及发展方向。

(3)通过综合分析为企业利益相关者进行投资决策提供参考。

(4)通过综合分析为完善企业财务管理和经营管理提供依据。

二、财务综合分析的内容

财务综合分析包括以下两部分内容：

(1)财务目标与财务环节相互关联综合分析。企业财务目标是资本增值最大化。资本增值的核心在于资本收益能力的提高，而资本收益能力受企业各方面、各环节财务状况的影响。财务综合分析正是要以净资产收益率为核心，并通过对净资产收益率的分解，找出企业经营各环节对其影响关系与程度，从而综合分析企业各环节及各方面的经营业绩。

(2)企业经营业绩综合分析。虽然财务目标与财务环节的联系分析可以解决单项指标分析或单方面分析给评价带来的困难，但由于没能采用某种计量手段给相互关联指标以综合评价，因此，往往难以准确得出公司经营业绩改善与否的定量结论。企业经营业绩综合分析正是从解决这一问题出发，利用业绩评价的不同方法对企业经营业绩进行量化分析，最后得出企业经营业绩评价的唯一结论。

第二节　财务综合分析方法

一、杜邦分析法

杜邦分析法是利用几种主要的财务比率之间的关系来综合地分析企业的财务状况。具体来说，它是一种用来评价公司盈利能力和股东权益回报水平，从财务角度评价企业绩效的一种经典方法。其基本思想是将企业净资产收益率逐级分解为多项财务比率乘积，这样有助于深入分析比较企业经营业绩。由于这种分析方法最早由美国杜邦公司使用，故名杜邦分析法。

(一)杜邦分析法的特点

杜邦模型最显著的特点是将若干个用以评价企业经营效率和财务状况的比率按其内在联系有机地结合起来，形成一个完整的指标体系，并最终通过权益收益率来综合反映。采用这一方法，可使财务比率分析的层次更清晰、条理更突出，为报表分析者全面仔细地了解企业的经营和盈利状况提供方便。

杜邦分析法有助于企业管理层更加清晰地看到权益资本收益率的决定因素，以及销售净利润率与总资产周转率、债务比率之间的相互关联关系，给管理层提供了一张明晰的考察公司资产管理效率和是否最大化股东投资回报的路线图。

（二）杜邦分析法的基本原理

在一个企业内部，企业的各项财务活动、各项财务指标不是孤立存在的，因此要求财务人员进行财务分析时，将企业的财务活动看做一个大的系统，对系统内部相互依存、相互作用的各种因素进行分析。而杜邦分析正是利用了各个财务比率之间的内在联系对企业的财务状况进行分析的。

(1)权益净利率，也称权益报酬率，是一个综合性最强的财务分析指标，是杜邦分析系统的核心。

(2)资产净利率是影响权益净利率的最重要的指标，具有很强的综合性。资产净利率取决于销售净利率和总资产周转率的高低。总资产周转率反映总资产的周转速度。对资产周转率的分析，需要对影响资产周转的各因素进行分析，以判明影响公司资产周转的主要问题在哪里。销售净利率反映销售收入的收益水平。扩大销售收入，降低成本费用是提高企业销售利润率的根本途径，而扩大销售，同时也是提高资产周转率的必要条件和途径。

(3)权益乘数表示企业的负债程度，反映了公司利用财务杠杆进行经营活动的程度。资产负债率高，权益乘数就大，这说明公司负债程度高，公司会有较多的杠杆利益，但风险也高；反之，资产负债率低，权益乘数就小，这说明公司负债程度低，公司会有较少的杠杆利益，但相应所承担的风险也低。

（三）杜邦分析法中的几种主要的财务指标关系

净资产收益率＝资产净利率（净收入/总资产）×权益乘数（总资产/总权益资本）

而　　资产净利率（净收入/总资产）＝销售净利率（净收入/总收益）×资产周转率（总收益/总资产）

即　　净资产收益率＝销售净利率×资产周转率×权益乘数

在杜邦体系（图10.1）中，包括以下几种主要的指标关系：

(1)净资产收益率是整个分析系统的起点和核心。该指标的高低反映了投资者的净资产获利能力的大小。净资产收益率是由销售报酬率、总资产周转率和权益乘数决定的。

(2)权益系数表明了企业的负债程度。该指标越大，企业的负债程度越高，它是资产权益率的倒数。

(3)总资产收益率是销售利润率和总资产周转率的乘积，是企业销售成果和资产运营的综合反映，要提高总资产收益率，必须增加销售收入，降低资金占用额。

(4)总资产周转率反映企业资产实现销售收入的综合能力。分析时，必须综合销售收入分析企业资产结构是否合理,即流动资产和长期资产的结构比率关系。同时还要分析流动资产周转率、存货周转率、应收账款周转率等有关资产使用效率指标,找出总资产周转率高低变化的确切原因。

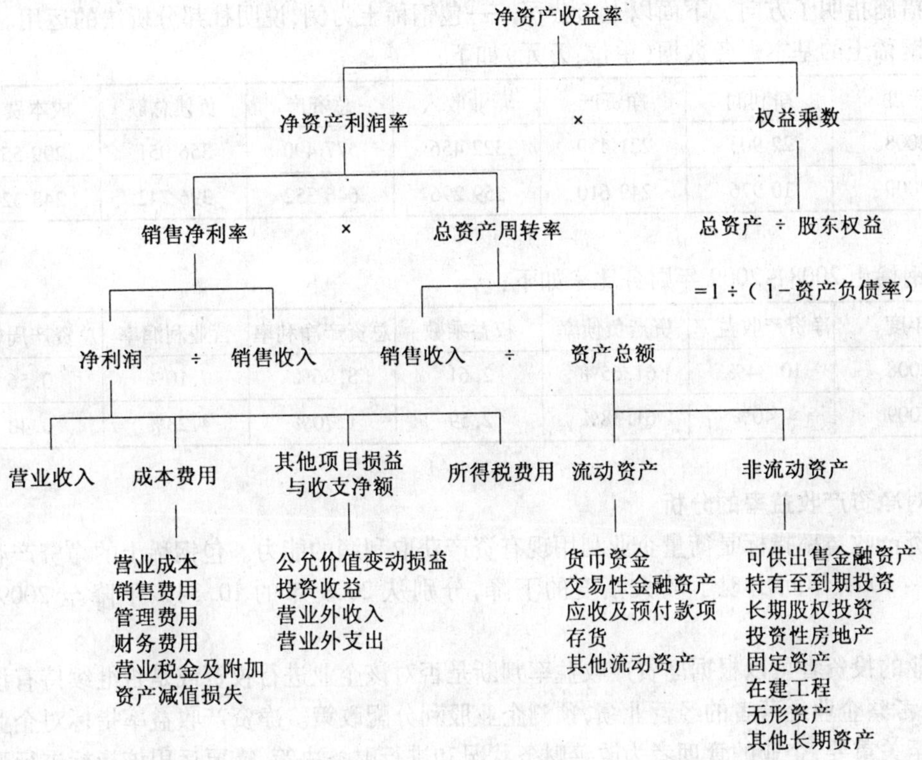

图 10.1　杜邦分析体系

(四)杜邦分析法的局限性

从企业绩效评价的角度来看,杜邦分析法只包括财务方面的信息,不能全面反映企业的实力,有很大的局限性,在实际运用中需要加以注意,必须结合企业的其他信息加以分析。主要表现在:

(1)对短期财务结果过分重视,有可能助长公司管理层的短期行为,忽略企业长期的价值创造。

(2)财务指标反映的是企业过去的经营业绩,衡量工业时代的企业能够满足要求。但在目前的信息时代,顾客、供应商、雇员、技术创新等因素对企业经营业绩的影响越来越大,而杜邦分析法在这些方面是无能为力的。

(3)在目前的市场环境中,企业的无形知识资产对提高企业长期竞争力至关重要,杜邦分析法却不能解决无形资产的估值问题。

(五)杜邦分析法的应用

杜邦分析体系不但可以有效解释各主要财务指标变动的原因和变动趋势,也为企业采取必要的措施指明了方向。下面以上市公司——包钢稀土为例,说明杜邦分析法的运用。

包钢稀土的基本财务数据(单位:万元)如下:

年度	净利润	净资产	营业收入	总资产	负债总额	成本费用
2008	22 903	221 439	322 456	577 490	356 051	299 552
2009	10 976	249 610	259 296	646 352	396 742	248 320

包钢稀土2008~2009年财务比率如下:

年度	净资产收益率	资产负债率	权益乘数	总资产净利率	营业利润率	总资产周转率
2008	10.34%	61.65%	2.61	3.96%	7.10%	0.56
2009	4.40%	61.38%	2.59	1.70%	4.23%	0.40

1.对净资产收益率的分析

净资产收益率指标是衡量企业利用现有资产获取利润的能力。包钢稀土的净资产收益率在2008~2009年间出现了较大幅度的下降,分别从2008年的10.34%下降至2009年的4.40%。

企业的投资者可以根据净资产收益率判断是否对该企业进行投资或是否继续持有该公司的股份,考察企业经营者的经营业绩,预测企业股利分配政策。净资产收益率指标对企业的管理者也至关重要,企业的管理者为改善财务状况和进行财务决策,需要运用该指标进行财务分析,将其逐级逐层进行分解,以找到问题产生的主要原因。

2.分解分析过程

(1)净资产收益率=总资产净利率×权益乘数。

2008年　10.34%=3.96%×2.61

2009年　4.40%=1.70%×2.59

经过分解表明:净资产收益率的改变,由2008年度的10.34%下降至2009年度的4.40%,下降了57.45%,其主要原因是资产利用效率低下、成本费用上升以及资本结构的变动(权益乘数下降)。

(2)总资产净利率=营业利润率×总资产周转率。

2008年　3.96%=7.10%×0.56

2009年　1.70%=4.23%×0.40

通过分解可以看出:总资产净利率从2008年的3.96%下降至2009年的1.70%,下降了

57.07%。2009年总资产净利率下降是由于营业利润率和总资产周转率均有大幅下降造成的。其中:营业利润率下降了40.42%,究其原因,或者是营业收入大幅下降,或者是成本费用大幅上升;总资产周转期从2008年的643天提高到2009年的900天,资产的周转速度大大放缓,资产利用效率大大降低。

(3)营业利润率=净利润÷营业收入。

2008年　　7.10%=22 903÷322 456

2009年　　4.23%=10 976÷259 296

包钢稀土2009年度营业收入和净利润比2008年度都有不同程度的下降。其中:净利润下降了52.08%,营业收入下降了19.59%,但净利润下降幅度比营业收入的下降幅度要大,成本费用从2008年的299 552万元下降至2009年的248 320万元,下降幅度为17.10%,与营业收入的下降幅度不同步,这说明2009年的成本费用从绝对值来说,虽然比2008年有了一定数额的下降,但从相对比例来说,2009年的成本费用比2008年要有一定比例的上升。

(4)总资产周转率=营业收入÷总资产。

2008年　　0.56=322 456÷577 490

2009年　　0.40=259 296÷646 352

通过分解可以看出,总资产周转率2009年度比2008年度周转速度要慢,主要原因是营业收入大幅下降和总资产的大幅上涨造成的,反映了该企业资产营运能力较差,资产利用效率低下。包钢稀土2009年度资产总额比2008年度高出68 862万元,其中流动资产部分高出44 653万元(410 129-365 476),非流动资产高出24 209万元(236 223-212 014),流动资产部分中存货高出65 430万元;非流动资产部分中固定资产高出14 625万元,在建工程高出8 227万元。由此可见,占用资产,特别是占用流动资产部分中的存货过多,企业生产的产品形成严重的库存积压,是导致包钢稀土净资产收益率大幅下降的主要原因。因此该企业在今后的生产经营中必须将重点放在提高资产运营效率上,积极扩大对外销售,提高市场占有率。当然形成这些问题的原因还有国家在稀土政策方面的因素。

二、沃尔评分法

沃尔评分法又叫综合评分法,它通过对选定的多项财务比率进行评分,然后计算综合得分,并据此评价企业综合的财务状况。由于创造这种方法的先驱者之一是亚历山大·沃尔,因此被称做沃尔评分法。

(一)沃尔评分法的主要思想

1928年,亚历山大·沃尔出版的《信用晴雨表研究》和《财务报表比率分析》中提出了信用能力指数的概念,他选择了7个财务比率即流动比率、产权比率、固定资产比率、存货周转率、应收账款周转率、固定资产周转率和自有资金周转率,分别给定各指标的比重,然后确定标准比率(以行业平均数为基础),将实际比率与标准比率相比,得出相对比率,将此相对比率与各指标比重相乘,得出总评分。提出了综合比率评价体系,把若干个财务比率用线性关系结合起来,以此来评价企业的财务状况。沃尔评分法是指将选定的财务比率用线性关系结合起来,并分别给定各自的分数比重,然后通过与标准比率进行比较,确定各项指标的得分及总体指标的累计分数,从而对企业的信用水平做出评价的方法。

(二)沃尔评分法的分析步骤

在社会发展的不同阶段和不同环境,人们应用沃尔评分法时所选择的财务比率不断地变化,对各个比率的权重不断地修正,对各个比率的标准值不断地调整,评分方法不断地改进,但是沃尔评分法的基本思路始终没有改变,其应用中基本步骤也没有发生大的变化。沃尔评分法的基本步骤如下。

1. 选择财务比率

不同的分析者所选择的财务比率可能都不尽相同,但在选择财务比率时应注意以下几点原则:

(1)所选择的比率要具有全面性,反映偿债能力、盈利能力、营运能力等的比率都应包括在内,只有这样才能反映企业的综合财务状况。

(2)所选择的比率要具有代表性,即在每个方面的众多财务比率中要选择那些典型的、重要的比率。

(3)所选择的比率最好具有变化方向的一致性,即当财务比率增大时表示财务状况的改善,当财务比率减小时表示财务状况的恶化。例如,在选择反映偿债能力的比率时,最好选择股权比率而不选择资产负债率,因为通常认为在一定的范围内,股权比率高说明企业的偿债能力强,而资产负债率高说明企业的负债安全程度低。

2. 确定各项财务比率的权重

如何将100分的总分合理地分配给所选择的各个财务比率,是沃尔评分法中的一个非常重要的环节。分配的标准是依据各个比率的重要程度,越重要的比率分配的权重越高。对各个比率重要程度的判断,应结合企业的经营状况、管理要求、发展趋势以及分析的目的等具体情况而定。

3. 确定各项财务比率的标准值

财务比率的标准值也就是判断财务比率高低的比较标准。只有有了标准,我们才能判断企业的某个财务比率是偏高还是偏低。这个比较的标准可以是企业的历史水平,可以是竞争企业的水平,也可以是同行业的平均水平等等。其中,最常见的是选择同行业的平均水平作为财务比率的标准值。

4. 计算各个财务比率的实际值

利用相关的财务数据计算企业各个财务比率的实际值。

5. 计算各个财务比率的得分

通过各个财务比率实际值与标准值的比较,得出对各个财务比率状况好坏的判断,再结合各个比率的权重即所分配的分数，计算各个财务比率的得分。计算得分的方法有很多，其中最常见的是用比率的实际值除以标准值得到一个相对值，再用这个相对值乘以比率的权重得到该比率的得分。

为了避免个别比率异常对总分造成不合理的影响，还可以为每个比率的得分确定一个上限和下限，即每个比率的得分最高不能超过其上限，最低不能低于其下限。例如，我们可以确定每个比率的得分最高不能超过其权重分数的1.5倍，最低不能低于其权重分数的1/2。

我们知道，有的财务比率并不是越高越好，例如存货周转率太高可能意味着企业的存货管理存在一定的问题，股权比率太高说明企业未能充分地利用财务杠杆等等。对于这类比率的计分方法应当进行一定的修正。例如，某行业股权比率的平均值为60%，但通常认为该行业的股权比率超过80%就太高了，那么如果某企业的股权比率实际值超过了80%，就不再采用实际值除以标准值再乘以权重分数的方法来计算其得分，而改用80%或标准值60%除以实际值再乘以权重分数来计算其得分。

6. 计算综合得分

将各个财务比率的实际得分加总，即得到企业的综合得分。企业的综合得分如果接近100分，说明企业的综合财务状况接近于行业的平均水平。企业的综合得分如果明显超过100分，则说明企业的综合财务状况优于行业的平均水平。相反，如果企业的综合得分大大低于100分，则说明企业的综合财务状况较差，应当积极采取措施加以改善。

在沃尔评分法的各个步骤中，最为关键也最为困难的是第二步和第三步，即各项财务比率权重和标准值的确定。要给各个财务比率分配合理的权重，并且为每个财务比率确定恰当的标准值，需要综合考虑多方面的因素，并且在长期的分析实践中不断修正。

（三）沃尔评分法的应用

下面以2011年3月18日公布的中国石油2010年年度报告为例（表10.2），说明沃尔评分法的具体应用：

表10.2　沃尔比重分析表

选定的指标	分配的权重 ①	指标的标准值 ②	指标的实际值 ④	实际得分 ⑤=④÷②×①
一、偿债能力指标	20			
1. 资产负债率	12	60%	39%	8
2. 已获利息倍数	8	10	24	19
二、获利能力指标	38			
1. 净资产收益率	25	25%	16%	16
2. 总资产报酬率	13	10%	10%	13

续表 10.2

选定的指标	分配的权重 ①	指标的标准值 ②	指标的实际值 ④	实际得分 ⑤=④÷②×①
三、运营能力指标	18			
1. 总资产周转率	9	2	1	4.5
2. 流动资产周转率	9	5	5	9
四、发展能力指标	24			
1. 营业增长率	12	25%	44%	21
2. 资本累积率	12	15%	11%	9
五、综合得分	100			109.5

以上评分表明，中国石油的综合评分大于100，说明企业的财务状况良好，特别是企业的偿债能力较强，市场占有率和竞争力较强，具有一定的持续发展能力，但与国际同行业相比，企业的盈利能力不强，资产利用效率不高。

第三节　财务分析报告的编制

一、财务分析报告的作用

财务分析报告是企业依据财务报表、财务报表分析及经营活动和财务活动所提供的丰富、重要的信息及其内在联系，运用一定的科学分析方法，对企业的经营特征，利润实现及其分配情况，资金增减变动和周转利用情况，税金缴纳情况，存货、固定资产等主要财产物资的盘盈、盘亏、毁损等变动情况及对本期或下期财务状况将发生重大影响的事项做出客观、全面、系统的分析和评价，并进行必要的科学预测而形成的书面报告。

二、财务分析报告的内容

第一部分　提要段

即概括公司综合情况，让财务报告接受者对财务分析说明有一个总括的认识。

第二部分　说明段

即对公司运营及财务现状的介绍。该部分要求文字表述恰当，数据引用准确。对经济指标进行说明时可适当运用绝对数、比较数及复合指标数。特别要关注公司当前运作上的重心，对重要事项要单独反映。公司在不同阶段、不同月份的工作重点有所不同，所需要的财务分析重点也不同。如公司正进行新产品的投产、市场开发，则公司各阶层需要对新产品的成本、回款、利润数据进行分析的财务分析报告。

第三部分　分析段

即对公司的经营情况进行分析研究。在说明问题的同时还要分析问题,寻找问题的原因和症结,以达到解决问题的目的。财务分析一定要有理有据,要细化分解各项指标,因为有些报表的数据是比较含糊和笼统的,要善于运用表格、图示,突出表达分析的内容。分析问题一定要善于抓住当前要点,多反映公司经营焦点和易于忽视的问题。

第四部分　评价段

作出财务说明和分析后,对于经营情况、财务状况、盈利业绩,应该从财务角度给予公正、客观的评价和预测。财务评价不能运用似是而非、可进可退、左右摇摆等不负责任的语言,评价要从正面和负面两方面进行,评价既可以单独分段进行,也可以将评价内容穿插在说明部分和分析部分。

第五部分　建议段

即财务人员在对经营运作、投资决策进行分析后形成的意见和看法,特别是对运作过程中存在的问题所提出的改进建议。值得注意的是,财务分析报告中提出的建议不能太抽象,而要具体化,最好有一套切实可行的方案。

本章小结

1. 财务综合分析,就是将企业营运能力、偿债能力和盈利能力等方面的分析纳入到一个有机的分析系统之中,全面地对企业财务状况、经营状况进行解剖和分析,从而对企业经济效益做出较为准确的评价与判断。

2. 财务综合分析包括以下两部分内容:财务目标与财务环节相互关联综合分析及企业经营业绩综合分析。

3. 杜邦分析法是利用几种主要的财务比率之间的关系来综合地分析企业的财务状况。具体来说,它是一种用来评价公司赢利能力和股东权益回报水平,从财务角度评价企业绩效的一种经典方法。其基本思想是将企业净资产收益率逐级分解为多项财务比率乘积,这样有助于深入分析比较企业经营业绩。由于这种分析方法最早由美国杜邦公司使用,故名杜邦分析法。

4. 杜邦分析法中的几种主要的财务指标关系为

净资产收益率=资产净利率(净收入/总资产)×权益乘数(总资产/总权益资本)

而　　资产净利率(净收入/总资产)=销售净利率(净收入/总收益)×资产周转率(总收益/总资产)

即　　净资产收益率=销售净利率×资产周转率×权益乘数

5. 沃尔评分法又叫综合评分法,它通过对选定的多项财务比率进行评分,然后计算综合得分,并据此评价企业综合的财务状况。由于创造这种方法的先驱者之一是亚历山大·沃尔,因此被称做沃尔评分法。

6. 沃尔评分法的分析步骤:(1)选择财务比率;(2)确定各项财务比率的权重;(3)确定各项财务比率的标准值;(4)计算各个财务比率的实际值;(5)计算各个财务比率的得分;(6)计算综合得分。

7. 财务分析报告是企业依据会计报表、财务分析表及经营活动和财务活动所提供的丰富、重要的信息及其内在联系,运用一定的科学分析方法,对企业的经营特征,利润实现及其分配情况,资金增减变动和周转利用情况,税金缴纳情况,存货、固定资产等主要财产物资的盘盈、盘亏、毁损等变动情况及对本期或下期财务状况将发生重大影响的事项做出客观、全面、系统的分析和评价,并进行必要的科学预测而形成的书面报告。

8. 财务分析报告的内容包括第一部分提要段,第二部分说明段,第三部分分析段,第四部分评价段,第五部分建议段。

思考题

某公司2008年的净资产收益率为14%,净利润为120万元,产权比率为80%,销售收入为3 600万元,所有者权益期初数与期末数相同。预计2009年销售收入为4 158万元,2009年资产总额比上年增长10%,销售净利率、权益乘数保持不变,所得税率为25%。

要求:

(1)计算2008年平均资产总额、资产周转率、销售净利率、权益乘数。

(2)计算2009年净资产收益率,并与2008年比较,用杜邦分析法分析其变动的原因。

参考文献

[1]财政部会计司编写组.企业会计准则讲解[M].北京:经济科学出版社,2006.

[2]中华人民共和国财政部.企业会计准则:应用指南[M].北京:中国财政经济出版社,2006.

[3]中国注册会计师协会.会计[M].北京:中国财政经济出版社,2011.

[4]财政部会计资格评价中心编.中级会计实务[M].北京:经济科学出版社,2011.

[5]刘凤委,汪珺.财务会计报告的编报与分析[M].大连:大连出版社,2009.

[6]李芳懿.财务报表编制与分析[M].北京:中国市场出版社,2011.

[7]李昂.企业财务会计报告编制与分析[M].北京:中国市场出版社,2006.

[8]赵国忠.会计报表编制与分析[M].2版.北京:北京大学出版社,2009.

[9]曹军,刘翠侠.财务报表编制与分析实务(修订本)[M].北京:清华大学出版社;北京大学出版社,2007.

[10]史德刚,傅荣.财务报表编制与分析[M].大连:东北财经大学出版社,2008.

[11]财政部注册会计师考试委员会办公室编.注册会计师证券、期货相关业务资格考试试题及答案汇编(1997—2001)[M].北京:经济科学出版社,2002.

读者反馈表

尊敬的读者：

您好！感谢您多年来对哈尔滨工业大学出版社的支持与厚爱！为了更好地满足您的需要，提供更好的服务，希望您对本书提出宝贵意见，将下表填好后，寄回我社或登录我社网站(http://hitpress.hit.edu.cn)进行填写。谢谢！您可享有的权益：

☆ 免费获得我社的最新图书书目　　☆ 可参加不定期的促销活动

☆ 解答阅读中遇到的问题　　☆ 购买此系列图书可优惠

读者信息

姓名________ □先生 □女士 年龄______ 学历______

工作单位____________ 职务______

E-mail____________ 邮编______

通讯地址____________

购书名称____________ 购书地点____________

1. 您对本书的评价

内容质量	□很好	□较好	□一般	□较差
封面设计	□很好	□一般	□较差	
编排	□利于阅读	□一般	□较差	
本书定价	□偏高	□合适	□偏低	

2. 在您获取专业知识和专业信息的主要渠道中，排在前三位的是：

①________ ②________ ③________

A. 网络 B. 期刊 C. 图书 D. 报纸 E. 电视 F. 会议 G. 内部交流 H. 其他：______

3. 您认为编写最好的专业图书(国内外)

书名	著作者	出版社	出版日期	定价

4. 您是否愿意与我们合作，参与编写、编译、翻译图书？

____

5. 您还需要阅读哪些图书？

____

网址：http://hitpress.hit.edu.cn

技术支持与课件下载：网站课件下载区

服务邮箱 wenbinzh@hit.edu.cn　duyanwell@163.com

邮购电话 0451－86281013　0451－86418760

组稿编辑及联系方式　赵文斌(0451－86281226)　杜燕(0451－86281408)

回寄地址：黑龙江省哈尔滨市南岗区复华四道街10号　哈尔滨工业大学出版社

邮编：150006　传真 0451－86414049